4·16구술증언록 단원고 2학년 3반 제9권

그날을 말하다

혜원 아빠 유영민

이 도서의 국립중앙도서관 출판예정도서목록(CIP)은 서지정보유통지원시스템 홈페이지(http://seoji.nl.go.kr)와
국가자료공동목록시스템(http://www.nl.go.kr/kolisnet)에서 이용하실 수 있습니다.
CIP제어번호: CIP2019008346

4·16구술증언록 단원고 2학년 3반 제9권

그날을 말하다

혜원 아빠 유영민

4·16기억저장소 기획 편집
(사) 4·16세월호참사가족협의회 지원 협조

한울

책머리에

4·16기억저장소에서는 세월호 참사 5주기를 맞아 구술증언 수집 사업의 결과물 일부를 100권의 책으로 발간하게 되었습니다. 이 사업은 2015년 6월부터 다양한 학문 분야 구술 연구자들의 자발적인 참여로 진행되어 왔으며, 세월호 참사를 좀 더 정확하고 다각적으로 기록하고 기억하고자 하는 노력의 일환으로 수행되었습니다.

2014년 참사 발생 이후, 참사 피해자들의 목격담과 경험은 안타깝게도 공식적인 국가기관과 언론의 기록 속에서 철저히 소외되거나 왜곡되었습니다. 그것은 세월호 참사가 우리에게 안긴 죽음과 고통의 충격만큼이나 우리 사회의 끔찍한 비극이었습니다. 따라서 사업을 진행하면서 세월호 참사 희생자 가족, 생존자, 생존자 가족, 어민, 잠수사, 활동가, 기자 등등, 참사의 초기 과정을 직접 경험한 분들의 증언을 우선적으로 수집했습니다. 구술자는 이 사업의 취지와 방식에 개인적으로 동의한 분 중에서 선정했으며, 참여 과정에 어떠한 금전적 보상이나 이익이 제공되지 않았습니다. 또한 구술증언 수집 사업을 진행하는 동안, 면담자는 연구자이자 참사를 겪은 공동체 시민으로서 최대한 윤리적이고자 노력했습니다.

구술자마다 매회 약 2시간씩 3회를 원칙으로 음성 녹취와 영상 촬영을 하는 방식으로 진행되었고, 증언의 일관성을 확보하기 위해 면담자는 큰 틀에서 공통 질문지를 사용했습니다. 공통 질문지의 내용은 참사와 구술자 간의 관계성에 따라 차이가 있지만, 유가족 구술의 경우 1회차 '참사 이전의 삶, 팽목항과 진도에서의 경험, 자녀에 대한 기억'을, 2회차 '참사 이후 투쟁과 공동체 활동 경험'을, 3회차 '참사 이후 개인 및 가족이 경험한 삶의 변화와 깨달음, 자녀의 현재적 의미'를 중심으로 했습니다. 이처럼 증언 내용은 참사 이전에서 시작해 참사 발생 당시의 경험과 이후의 변화 과정까지 폭넓게 수집했고, 면담자는 구술 채록 과정에서 구술자의 발화를 최대한 존중하고자 했으며, 무엇보다 각자의 특수한 경험과 다른 시각을 충실히 반영하고자 했습니다.

이 구술증언록의 발간을 위해, 채록된 음성 자료는 문서로 변환해 구술자와 함께 검토했고, 현재 시점에서 공개할 수 있는 영역과 할 수 없는 영역으로 구별했습니다. 따라서 책에 실린 내용은 모두 구술자로부터 공개를 허락받은 부분입니다. 비공개 영역은 추후 구술자의 동의를 받아 적절한 절차를 거쳐 추가로 공개될 수 있으리라 생각합니다.

이 구술증언록 100권에는 그동안 우리 사회에 왜곡되어 알려지거나 잘 알려지지 않았던, 참사 발생 직후 팽목항과 진도 혹은 바다에서의 초기 상황에 관한 중요한 증언이 포함되어 있습니다. 또한, 자녀를 잃는 잔인하고 애통한 상황을 겪으면서도 그 누구보다 강인한 정치적 주체로 성장할 수밖에 없었던 유가족의 마음과 경험을 구체적으로, 그리고 여러 각도에서 살펴볼 수 있습니다. 그 외에도, 이 구술증언록은 2014년을 전후한 한국 사회의 여러 측면을 드러내는 귀중한 자료가 되리라고 생각합니다. 무엇보다 국내외의 많은 분이 이 책을 읽어, 장차 세월호 참사의 진상 규명과 역사 서술에 기여할 수 있기를 바랍니다.

구술증언 수집 사업이 진행되고, 책으로 출간되기까지 많은 분의 도움과 지지가 있었습니다. 이 지면을 빌려 부족하나마 감사의 말씀을 전하고자 합니다.

먼저 (사)4·16세월호참사가족협의회와 4·16기억저장소에 감사를 드립니다. 이분들의 신뢰와 적극적인 협조가 없었다면, 이 사업은 처음부터 시작할 수조차 없었을 것입니다. 또한 어려운 정치 환경 속에서도 사업의 취지에 공감해 재정 지원을 결정해 준 아름다운가게와 역사문제연구소에 감사드립니다. 두 단체 덕분에, 이 사업을 4년 동안 계속해 올 수 있었습니다. 그리고 구술증언록 100권의 발간에 동의하고, 바쁜 일정에도 출판 실무를 기꺼이 맡아주신 한울엠플러스(주)에도 감사를 드립니다. 이 외에도 많은 개인과 단체가 직간접적으로 많은 도움을 주시고 격려해 주셨습니다. 여기에 모두 밝히지 못하는 것을 죄송하게 생각합니다.

말할 필요도 없이, 가장 크고 또 가슴 아픈 감사는 구술자 한 분 한 분께 드리고자 합니다. 이 책이 발간될 수 있었던 것은, 무엇보다 용기를 내어 아픔과 고통의 기억을 다시 떠올리고 장시간 진심으로 이야기를 해주신 구술자가 있었기 때문입니다. 오랜 시간 이야기를 나누며 함께 공감하기도 했지만, 그 아픔과 고통을 어떻게 가늠할 수 있을까 싶습니다. 더 큰 도움이 되지 못함을 안타까워하며, 이 구술증언록 100권의 발간이 피해자분들에게 조금이라도 위로가 될 수 있기를 기원합니다.

2019년 4월

4·16기억저장소 구술팀 책임자
서울대학교 인류학과 교수 이현정

차례

■ 1회차 ■

■ 3회차 ■

혜원 아빠 유영민

구술자 유영민은 단원고 2학년 3반 고 유혜원의 아빠다. 4남매의 맏딸인 혜원이는 시크하
면서도 살갑고 정이 많은 아이였다. 시민 지지자들에게서 큰 위안을 얻었던 아빠는 오늘도
혜원이를 기리며 남은 식구들을 위해 새로운 삶을 이끌어간다.

유영민의 구술 면담은 2016년 2월 2일, 19일, 24일, 3회에 걸쳐 총 4시간 40분 동안 진행
되었다. 면담자는 이예성, 촬영자는 김향수·김솔이었다.

구술자 본인의 프라이버시나 제3자의 프라이버시를 보호해야 할 부분을 제외하고는 구술
자의 발화를 있는 그대로 전사했다.

1회차

2016년 2월 2일

시작 인사말

면담자 　　　본 구술증언은 4·16 사건에 대한 참여자들의 경험과 기억을 기록으로 남김으로써 이후 진상 규명 및 역사 기술에 기여 하고자 합니다. 지금부터 유영민 씨의 증언을 시작하겠습니다. 오 늘은 2016년 2월 2일이며, 장소는 안산시 다문화 가족지원센터입 니다. 면담자는 이예성이며, 촬영자는 김향수입니다.

구술 참여 동기

면담자 　　　시작하겠습니다. 먼저 이 구술에 참여하시게 된 동 기, 배경을 말씀해 주시면 고맙겠습니다.

혜원 아빠 　　　직접 저한테 허락받은 거 아니죠? 그죠?

면담자 　　　네, 어머님 통해서요(웃음).

혜원 아빠 　　　흔쾌히는 아니에요. 왜냐면 집에 갔더니 그때 우리 기억저장소의 기현, 임기현 씨라고, [제가] 어디서 좀 뭘 하고 있는 데, 자꾸 전화가 왔는데, 진동이 와서[진동으로 되어 있어서] 못 받았 어요. 그래서 제가 기현 씨를 저장을 안 해놔서, 이름이 안 뜨고 번 호가 떠 가지고 전화를 안 했는데, 또 하면은 통화음이 걸리고, 또 놔두면, 놔두면 또다시 거기로 전화가 들어와 있고. 그래서 집에 갔더니 대뜸 와이프가 신청해 놨다고. 그래서 얼떨결에 뭐, 제 동의하고 제 의견하고는 상관없이. 그런데 원래 또 이런 거 하고 그런 거를 크게 개의치 않는 성격이니까. 좀 아이러니하게도 우리 작가, 이예성 작가, 작가라고 할게요, 편하게, 전화가 딱 한 번 왔는데 그게 통화는 됐어요. 그런데 기현 씨하고는 여섯 번 전화가 왔는데, 한 번도 통화를 못 했어요. 그러니까 어떻게 그렇게 맺어지네요. 아다리가 맞아진다고 해야 하나. 뭐, 와이프가 신청을 해놨다니까, 내가 안 하면 우리 집사람이 또 실없는 사람이 되는 거 아냐. 그렇게 됐어요.

면담자　　　　감사합니다. 여러 가지 활동을 하고 계시지만, 오늘 하시는 구술증언이 특별히 어떤 목적으로 사용되면 좋겠다고 생각하시는지요?

혜원 아빠　　　구술증언은 말 그대로 내가 발언을 하는 거잖아요. 이거는 작년에 저기, 소송 들어갔을 때 변호사분들하고 1, 2시간씩 했어요, 상담을. 아마 그거랑 비슷한 거라고 생각을 해서, 뭐 크게 부담을 갖진 않고, 그냥 있는 사실을 그대로 이야기하는 것뿐이니까, 그래서 편한 마음으로 나왔어요. 그래서 어떻게 사용되는지에 대해서는 제가 사실 아까, 우리가 개인적으로 이야기를 했지만, 하시는 분들이 어떤 개인 영리나 이윤을 추구해서 하지 않는 것을 알기 때문에, 저는 아무런 그런 것 없이, 또 사용 내역에 대해서는 크게 의심하지는 않습니다. 의심은 않고 가족이라는 개념하에서 같이 나갈 수 있는 어떤… 그리고 가령 제가 하는 발언이 어떤 영리나 이윤 추구에 크게 도움이 될지는 모르겠지만 그건 아니라고 했기 때문에 괜찮습니다.

면담자　　　　오늘 아버님이 말씀해 주실 내용이 어떤 방향에 활용이 되었으면 좋겠다, 어떤 데 기여했으면 좋겠다에 대한 생각이 있으시면 말씀해 주세요.

혜원 아빠　　　그건 당연히 4·16 참사가 기록, 이것도 물론 많은 분들이 기록을 하고 하지만 우리 가족들의 생생한 증언도 역사의 한 페이지를 장식할 수 있는 기록이 되어야 하고요. 또 진실을 밝히는 데에 조금이나마, 0.01프로라도 도움이 되면 당연히 그쪽으로 활용이 되어야 된다고 보고. 또 차후에 좀 세월이 지났을 때 잘 모르는 사람들이 한 번씩 찾아볼 수 있는 그런 기록물이 되었으면 좋겠어요. 어떻게 보면, 역사의 한 현장의, 산증인의 목소리를 담는다고 해야 할까? 그렇게 봐줬으면 좋겠어요.

면담자　　　　네, 잘 알겠습니다.

3
안산 정착과 결혼하기까지

면담자　　　　이제 4·16 참사 이전의 일상 삶에 대해서 여쭤보려고 합니다. 어디가 고향이신지, 어디서 태어나셨는지, 안산에 어떻게 오셨는지 편하게 얘기해 주시면 좋겠습니다.

혜원 아빠   뭐, 사람 삶이라는 게 다 이야기를 하면, 흔히 말하는 파노라마 같은 일이 생기는데, 좀 어떻게 보면 나중에는 이게 아이러니할 수도 있고 좀 그런데. 제 고향은 충북 옥천이에요. 옥천이고, 제가 태어나고 자란 곳은 육영수 여사가 [태어난], 생가가 있는 충북 옥천의 교동이라는 데고요. 생가가 있는 그 동네입니다, 그 동네고요. 좀 자란 건 정지용 시인, 그 시인의 [생가] 바로 근처, 멀지 않아요, 그곳에서 태어나 자랐고. 2002년도에 안산에 올라왔는데, 보통 시골에 있는 사람들이 도시로 오는 경우는 먹고살기 위해서죠. 하던 일이 잘 안 됐거나, 직장을 그만두고 새로운 삶을 바로 살기 위해서, 삶의 방식을 바꾸기 위해서 왔고요. 뭐 크게 다른 사람들하고 같이, 뭐 다른 건 별로 큰 차이는 없어요. 어떤 계기가 된 거보다는 직장생활을 하다가 제가 이제 우리 애가 넷이었거든요, 쌍둥이 나면서. 아시다시피 봉급쟁이 생활로는 애들 넷 키우는 게 뭐 택도 없고 힘들 것 같아서, 뭔가 새로운 일 좀 해보고 싶다 해서. 아무래도 시골보다는 도시가 낫지 않나 싶어서 안산으로 온 거죠.

면담자   그러면 태어나서부터 결혼할 때까지 옥천에 계속 사셨던 건가요?

혜원 아빠   그렇죠. 애들 나올 때까지는 다 옥천에 있었죠, 군 생활할 때 빼곤.

면담자　　　그럼 어머님은 언제 만나신 거예요?

혜원 아빠　　저희 집사람하고는 95년도 7월 31일 날 만났고요. 그래서 1년, 95년도인가? 96년도네. 96년도 7월 31일에 만났고 97년도 12월 15일 날 결혼했죠.

면담자　　　한 해 뒤에 결혼하신 거네요?

혜원 아빠　　네.

면담자　　　어떻게 만나셨는지요?

혜원 아빠　　그때, 군대 제대하고. 한참 청춘이잖아요? 청춘이라 직장생활 잡는 것보다는 내 나름대로 일을 하고 싶어서 이 일 저 일 하다가 여름 장사를 들어갔어요, 바닷가로. 그래서 바닷가에서 만났죠. 와이프는 고향이 강원도 양양 낙산사, 낙산해수욕장 바로 앞이고요. 거기서 장사 들어갔다가 아르바이트하러 온 사람을 잡 아가지고, 만나자마자 조금 빨라요. 만나자마자 한 3일 만에 결혼 하자고 했는데, 연애스토리 얘기를 하면 너무 길어요.

면담자　　　(웃음) 근데 들어야 될 것 같은데요. 어떻게 3일 만에 그렇게 발전을 하게 된 건가요?

혜원 아빠　　모르겠어요. 흔히 말하는 뭐랄까, 만나자마자 '빡'이 랄까? 되게 괜찮았어요, 사람이. 되게 괜찮았고, 몇 번 만나지도 않 았는데 꼭 놓치면 안 될 것 같은, 그래서 그때부터 사귀자고 하고 사귀고 결혼하자고 했죠. 결혼하자고 하고, 저는 옥천이고 와이프는 양양이니까, 멀어요. 왜냐면 양양에서 강릉까지 나와야 되고, 강릉에서 대전까지 또 고속버스 타고 와야 되고. 그때는 차가 없었으니까. 핸드폰도 없었죠. 그때 막 삐삐, 삐삐였는데, 삐삐도 좀 그렇고. 저는 그때 백수였었고, 와이프는 직장생활 했었고. 와이프가 2주에 한 번씩 옥천으로 오고, 다시 올라갈 때 양양까지 데려다주고. 헤어지기 싫으니까 대전터미널에서 표 끊어주고 보내야 되는데, 꼭 고속버스는 자리가, 만차가 돼도 한두 석이 비어요. 그건 경험을 해봤으면 다 알 거예요. 꼭 아무리 만차가 되어도 꼭 한두 석은 비어요. 그럼 또 그걸 다시 타고 올라가요. 올라가서 또 있다가 다시 내려오고. 그러다가 주로 전화로 데이트했죠, 전화로.

　제가 그때 직장은 없었고, 형님이 이제 시골에서 가든을 하셔 가지고, 일 도와주면서 하루에 한 2만 원씩, 3만 원씩 그거 가지고 공중전화에 가면, 옛날에는 카드전화기였어요. 아셔요? 아시려나 모르겠네. 카드전화기라 카드를 사면, 그 만 원짜리를 사면 1000원인가 2000원인가 더 줘요, 그게. 그래서 그거 사 가지고 하루에 한 2만 원 정도면은 밤 9시면 새벽 한 4시, 5시까지 통화가 돼요, 계속. 그것도 또 아쉬우면은 콜렉트콜도 하고, 그렇게 해서 계속 전화로만 하고. 또 2주에 한 번씩 보고 그러다가 어차피 계속 만날 거면 양가에 인사시키고, 결혼 앞두고 제가 직장을 잡고 결혼을 했죠. 그때 아마 제가 기억으로는, 공중전화 카드만 해도 몇백 장 되는 걸로 알고 있어요. 거의 매일, 겨울에도 했어요, 새벽까지, 추워도 덜덜 떨면서. 집에서 전화 못 하죠. 집 전화로 하면 우리 부모님

쓰러지시죠, 전화요금 보고.

4

형제 관계

면담자　　아버님 형제나 자매 관계는 어떻게 되세요?

혜원 아빠　　저는 4형제요. 딸 없이 4형제.

면담자　　그중에 아버님이 몇 째인가요?

혜원 아빠　　셋째.

면담자　　그럼 어릴 때 쭉 같이 옥천에 계셨고, 커서까지도 같이 계셨나요?

혜원 아빠　　형님들은 지금도 옥천에 계시고, 동생도 옥천에 있고 저 혼자만 좀 나왔죠, 고향이니까. 고향이고 거기는 뭐 아버님 돌아가시고 어머님하고 형제들 다 있고, 또 작은집도 있으니까 안 갈 수는 없고. 근데 가족들, 가족들이 반 이상은 명절에도 고향을 못 가요. 안 가는 거죠, 안 가고. 그렇기 때문에 나름대로 그분들이 명절에도 다른 행사 참석하시고. 저 같은 경우도 마음이 시골[에], 명절 때 가도 마음은 무거워요. 무겁고, 다른 사람들은 다 애들 본다고 납골당을 한 번씩 돌잖아요. 저는 명절 바로 출발하기 전에 가서 애 한 번 보러 오고, 또 올라와서 보러 가고 [해요]. 미안하기도 하고, 명절날 같이 있고 싶은데, 그런 마음 있잖아요. 그렇게 하고 있죠.

혜원 아빠   특별히 더 친하신 형제분이 계신가요? 아니면 두루 두루 잘 지내시는지요?

혜원 아빠   형제라는 게요, 누나가 있으면 좀 그런 게 있을 텐데, 형들은 그냥 데면데면해요. 형제라는 게, "왔어요?", "어, 그래" 그러면 끝이고. 그나마 자주 통화하는 것은 동생 하나 있으니까, 동생하고는 통화 자주 하죠. 우리 어머니는 하여튼 불쌍해요, 딸이 없어 가지고. 아들만 있으면 좀, 원래 아들 많은 집들이 좀 무뚝뚝하고, 데면데면하고. 그래도 형수님들이 좋으셔 가지고, 명절날 가면 그래도 반갑게 맞이하고 그런 건 있어요.

5
노동 경험

면담자   아버님, 아까 이 일 저 일 하셨다고 하셨는데, 제일 처음 하신 일이나, 그 이후에 어떤 일을 주로 하셨는지 말씀해 주세요.

혜원 아빠   제일 처음에는, 군대 제대하고 다들 한 거는, 노가다도 해보고 뭐 개인 사업한다고 건축, 집 짓는 것도 해보고. 그러다가 좀 바닷가 장사, 여름철마다 해수욕장 빌려서, 임대 내서 하는 것도 해보고, 그러다가 이제 계속 불안정하니까 결혼하기 위해서, 직장생활, 취직을 해서 직장생활 해보고. 직장생활 하면서 나름대로 자리 잡고 하다가 애들 많이 낳으면서 이제 아무튼 모든 부모가 그렇듯이 애들 풍족하게 키우고 싶기도 하니까, 직장 그만두고 개인 사업 이제 해본다고 안산으로 올라온 거죠.

이제 안산에서도 뜻대로 잘 안 돼서, 안 되고. 또 제가 처음, 2000, 2002년도인가 올라와서 바로, 2003년도인가? 2003년도에 양쪽 고관절괴사증 그거 진단받아 가지고, 이제 2005년도에 수술 한 번 하고, 2010년도에 수술 한 번 하고 그런 거죠. 어디 취직하기는 힘들고, 부자연스럽고 인공관절 들어가니까. 그때 당시에는 그렇게 수술 상태가 좋지 않아 가지고 되게 힘들었거든요. 몸도 갑자기 막, 수술 못 하고 하니까, 몸도 계속 붓고 살도 찌고 하면서 집사람이 고생을 많이 했죠. 아픈 몸, 아픈 사람 데리고 같이 생활하면서, 그러면서 나름대로 그러면서도 어떻게 가정은 지켜야 되니까, 이제 밤에 나가서 대리운전도 하고 낮에 저거 차, 배달하는 것도 하고. 이 일 저 일, 돈 되는 건 다 했죠.

크게 여유롭고 풍족한 삶은 아니었지만 되게 집은, 우리 집은 단란했어요. 단란하고 참 행복했다고 해야 하나, 애들이, 우리 아이들도 그렇고. 남들보다 잘 입히고 잘 먹진 못해도 크게 불만도 없었고. 그래서 가족끼리 항상 제일 중요한 게 그거였거든요, 제가 추구하는 게. 다른 건 다 괜찮아도 우리 가족, 가족 자체가 저기하는 건 저거니까. 우리 애들, 사고 나고 큰애도 보면은, 그래도 우리 집은 행복하고 가정이 항상 웃음이 있는 가정이라고, 집이라고 자랑을 했었어요. 그런 거 있었어요. 그게 이제 깨졌죠.

6
4명의 아이들 아버지로서 삶

면담자　혜원이 아래로 동생들이 있는 거죠? (혜원 아빠 : 셋) 셋, 그러니까 2명이 쌍둥이인 건가요?

혜원 아빠　바로 밑에 여동생이 있고, 그 밑에 이제 바로 연년생으로 해서 쌍둥이 남동생이 있고.

면담자　쌍둥이는 둘 다 남자인가요?

혜원 아빠　네.

면담자　굉장히 여러 명 가지셨네요.

혜원 아빠　든든했죠. 남들은 뭐 힘들게 키웠다고 하는데, 물론 키우는 건 엄마들이 하니까 엄마가 많이 힘들었는데, 든든했어요. 든든하고, 어디에 가서 딸 둘, 아들 둘 있다고 하면 힘들다는 소리보다는 부럽다는 소리를 많이 했어요, 사람들이, 진짜로. (전화가 울림) 잠깐만요. 그래서 밤에, 동네사람들이 참 따뜻한 게, 밤에 대리를 하면 물론 막 술 먹고 이렇게 하시는 분도 있지만. 간혹 있어요, 간혹 있지만, 대부분이 이제 "아이구, 기사님 고생하십니다" 하면서 여름에는 시원한 음료수도 사서 주고, 겨울에는 뭐 편의점 같은 데서 따뜻한 커피 같은 것도 사가지고 있다가 주고 하는 분들이 진짜 많았어요. 가면서 얘기하다 보면은 주로 물어보는 게 뭐냐면 자녀가 얼마 있냐, 이런 거를 얘기하다 보면 대부분 "어휴 힘드시겠어요" 이런 소리하시는 분도 계셨지만, 대부분이 부럽다는 소리를 많이 했어요, 진짜. "아들 둘, 딸 둘입니다" 하면은 "아, 기사님 부럽습니다" 이런 소리를…. 그러면서 내리실 때, 아이들한테 들어갈 때 뭐라도 사 가시라고 뭐 조금씩 더 주시고 하는 분들이 있었고, 그분이. 저는 그렇게 생각해요. 우리나라 정책이 계속 저출산, 저수치라고 하는데, 기본적인 삶이라도 만족시켜 주는 환경만 되면 그거는 괜찮다고 생각해요. 되게 부러워했어요, 진짜로. 열에 한 일고여덟 명은 "아, 힘드시지 않으세요?" 이것도 있었지만, "되게 부럽다, 나도 낳고 싶은데" 이런 소리를 진짜 많이 했어요. 그래서 저는 가끔가다 뉴스 같은 데서 저출산문화, 저출산 이야기 같은 게 나오면은 '아, 이건 이상하다. 사람들은 갖고 싶어는 하는데 뭐가 안 따라줘서 못 하는 걸까?'라고 생각을 해요.

면담자   아버님은 원래 자녀는 많이 갖고 싶으셨나요?

혜원 아빠   뭐 특별히 저는… 무식해서 그런가? (웃음) 자녀계획을 세우지는 않았어요. 그런데 생긴, 애가 들어서면 당연히 내 핏줄이니까 낳아야죠. 저는 애 지운다는 생각은 꿈에도 안 했고요. 당연히 나는 낳아야 되지 생각을 했었고요. 그거에 대해서는 어떤 그건 없었어요. 낳으면 좋지 않아요? 지금도 그렇게 생각해요. '낳으면 좋지 않나?' 하고.

면담자　　　　쌍둥이란 걸 아셨을 때 기분이 어떠셨어요?

혜원 아빠　　　위에는 딸만 둘이잖아요. 그래서 저는 쌍둥이라는 말 딱 듣고, 다들 그랬어요. "야, 안 물어봤냐?"라고 그랬는데 저는 안 물어봤어요. 딱 그 말 듣고 '딸 넷 키우지 뭐' 이렇게 생각했어요. 근데 8개월쯤 되었을 때 알았어요, 아들이라고. 그때도 '아들? 둘둘 맞네' 이렇게 생각했지. [아들이라서] '와, 좋다?'[까지는 아니었어요]. 저는 그냥 넷이라는 것에만 거기에만 감사했지 굳이 아들 선호는 [아니에요]. 왜냐면 아버님도 4형제고, 나도 4형제인데 굳이 아들 욕심[을 낼 이유가 없죠]. 내가 자라 봤지만 아들 많아 봤자 힘들어요, 굳이. 우리 어머님이 얼마나 고생하셨는데요. 애들, 자식들 넷, 아침 새벽에 일어나서 옛날에 그 가마솥[에 불] 때어가지고, 밥해가지고 도시락 세 개씩, 한 놈당 세 개씩, 두세 개씩 싸줄려고 해봐요. 그래 가지고 빨래를 도와줍니까, 뭐를 도와줍니까, 청소를 도와줍니까. 그냥 나는 내 새끼 있는 걸로 좋았어요. 거기에 대해서는 크게 아들 딸 연연하지는 않았어요.

면담자　　　　혹시 혜원이 동생들 이름을 좀 알 수 있을까요?

혜원 아빠　　　○○이.

면담자　　　　○○이가 지금 몇 살이죠?

혜원 아빠	지금 이제 고2 올라가요. △△, ◇◇.
면담자	△△이, ◇◇이가 쌍둥인가요?
혜원 아빠	네.
면담자	쌍둥이들은 몇 살인가요?
혜원 아빠	이제 고등학교 1학년 들어가죠. 중 3이었으니까.
면담자	그럼 다 연년생이네요.

7
청년시절의 경험 및 결혼 후 가족과 나눈 행복

면담자   아까 가마솥, 집 이야기 해주셨는데, 어린 시절에 아버님은 어떤 성격, 성향의 학생이었나요?

혜원 아빠   저희 어머님 말씀을 빌리자면, 저는 되게, 되게 말없이 조용한 스타일이었어요. 옛날에 저희 어릴 때 집이 유리창, 큰 유리창으로 입구가 이렇게 있는데, 어릴 때 엄마, 아빠 일 가시고 그러면 "집 봐라" 이렇게 이야기를 하잖아요. 그러면 집에 문을 다 잠가놓고 딱 현관에 누워가지고 자고 그랬었죠. 말없이 그랬고. 뭐 학교 다닐 때 특별히 공부를 잘하는 것도 아니고, 그냥 뭐 특별히 눈에 띄는 타입도 아니었었고, 그냥 일반적인, 쬐그만, 정상적인 그런 생활이었어요. 특별히 눈에 띄지 않는…. 그렇다고 뭐 시골생활이 그렇게 부유하거나 하진 않았으니깐요. 그래서 동네에서 어릴 때 친구들하고 잘 놀고, 일반인들이랑 똑같은 삶을 살았어요. 그 시대 삶이 다 그렇죠, 뭐.

면담자　　　학창시절에 커서 뭔가 하고 싶다, 어느 방향으로 가고 싶다 그런 거 혹시 있으셨나요?

혜원 아빠　　　원래는 군인이 되고 싶었어요. 원래는 육사를 가고 싶었는데, 물론 공부도 못했지만 키도 좀 작아서 안 됐고, 시력도 많이 나빠서 안 됐고. 나름 학교는 수산대 쪽으로 갔었고 그래서. 근데 뭐 모든 게, 사회생활이 뭐 내 뜻대로 되는 것도 아니고 학교 졸업과 동시에 또 군대 갔다 와서, 뭐 저 나름대로 공무원 시험도 준비해 볼까 하다가, 그때 당시에는 공무원이 그렇게 메리트가 있는 직업이 아니었어요. '할 거 없으면 공무원이라도 하지' 이랬으니까. 공무원[을] 주위에서 하라는 말도 있었는데 크게 거기에 개의치 않았었고, 그냥 욕심이 있었죠. 집이 그렇게 여유 있는 상태가 아니니까 돈을 많이 벌고 싶은 욕심이 있었죠. 그래서 이것저것 해보려고, 개인 사업이라도 해본다고 많이 까불고 놀았다, 지금 생각하면 까불고 돌아다닌 거죠, 멋모르고. 개인 사업하는 것도, 밑천도 없이 어떻게 하겠어요.

　그런데 경험 쌓는다고 이 일 저 일 많이 해봤죠. 그런데 그게 도움이 안 되더라고요. 사람은 뭘 진득이 해야 되는데, 여기에 휩싸이고 저기에 휩싸이고. 또 같이 일한다고 한 사람들이, 주로 혼자 할 수 없으니까 친구들하고 같이 어울려서 했는데, 보통 친구들하고 어울려서 뭘 한다고 하면 결말은 안 좋아요. 아시죠? (웃음) 거의 안 좋아요. 외국처럼 막 동업해서, 애플처럼 막 이런 게 아니고, 안 좋게 끝나고, 그 결과는 상당히 좀…. 저도 마찬가지였었고요. 인생 살면서 누구나 한두 번씩 다 안 좋은 일 당하잖아요. 사기도 좀 당하고. 똑같아요. 그렇게 겪었고, 뭐 빚도 많이 안고 살았고. 빚은 뭐 못 갚아서 어쩔 수 없이 개인적으로 파산 신청도 해가지고, 얘기하기 싫었던 부분인데, 파산 신청을 해가지고, 애들하고 먹고살기 위해서 신청을 해서 그 굴레를 벗어났고.

그 이후로는 남의 돈 10원짜리도 빌리는 게 무섭고 조심스럽지만, 지금은 뭐. 그 이후로는 욕심이라는 건 크게 안 부렸어요. 아이들하고 흔히 말하는 안정된 삶을 사는 것에 만족을 했었으니까. 욕심을 버리니까 삶이 좀 편해지더라고요. 많이 이것저것 벌고 싶어서 여기저기 또 다른 것 할 때는 거의 집에도 못 들어가고. 지방으로 돌고 할 때는 돈은 안 되고 욕심은 생기니까 자꾸 무리수를 두게 되는데, 어느 순간 그것을 다 버리고 오늘 벌어 오늘 사는 것에 만족하면서, 애들하고 즐겁게 생활하려고 하니까 오히려 편해지더라고요. 그러면서 큰돈은 아니지만, 남한테 아쉬운 소리 안 할 정도로는 생활하면서 살게 되더라고요. 그런 것 같아요. 욕심 안 내는 삶이 지금 이렇게 생각해 보면, 그게 참 현명한 삶인 것 같애.

면담자   그럼 개인 사업을 어떤 것을 하셨던 건지 여쭤봐도 될까요?

굳이 개인 사업이라고 하면, 내가 내 이름으로 명의를 내고 했으면 괜찮은데, 나는 그런 게 없이 친구들하고 그냥 같이 하다 보니까, 뭐 건설한다고도 쫓아다녔고. 근데 그게, 지금 생각하면은 참 사기 비슷한 거죠, 그냥. 그냥 막연히 건설도 모르는 놈이 건설한다고 쫓아다녔으니 뭐. 그렇게 해서 여기저기 쫓아다닌다고, 부산으로 여수로 뭐, 진짜 많이 쫓아다녔어요. 그때 같이 있던 친구들 다 헤어졌지만, 약간 오락실 비슷한 것도 해봤었고. 결코 그게 내 것은 아니었었고 하루라도 빨리 거기에서 손을 떼었어야 되는데, 욕심이 과해가지고 미련을 못 버리다 보니까 버리지 못했었는데. 아까도 말했지만 그러다 계속 힘들어지고 빚만 늘어나고, 와이프도 힘들고 막 가정도, 애들도 힘들고 그렇게 되어가지고. 과감히 그 모든 걸 버리고 나니깐, 딱 버리고 나니까, 욕심을 버리고 나니깐 작은 돈에도 만족하게 되더라고요. 그러면서 오히려 가정이 더 평화로워졌죠.

실제로 제가 다리가 되게 아플 때 대리를 시작을 했어요. 첨에 일 나가가지고 하루에 3만 원도 못 벌었어요, 진짜로. 3만 원도 못 벌었어요. 왜냐면 남들처럼 뛰지를 못하고 그러니까 힘들고, 처음 시작할 때는 그랬는데, 그래도 일 끝나고 새벽에 들어갈 때 내가 번 돈으로 빵 하나 사가지고 들어가는 것, 우리 아침에 애들 빵 하나, 우유하고 빵 하나 먹여서 보내는 거, 너무 행복했어요. 진짜 행복했어요. 나는 그때 그 행복이, 지금도 그때를 생각해요. 우리 애들 중학교 들어가고 초등학교 들어갈 때 집에 일 끝나고 걸어가면서 편의점에서 빵하고 우유 사 들고 딱 가서 식탁 위에 딱 올려놓으면은 애들 아침에 학교 갈 때 먹고 가잖아요. 나는 지쳐가지고 자야 되니까. 그게 그때 너무 행복했어요, 진짜로. 그러면서 대리 일을 알게 되고, 몸에 배면서 수입이 조금씩 늘어나니까, 그러면은 하루를 딱 끝나고 들어가면은 그 대리 일도 수수료가 들어가거든요. 수수료 빼고 입금해야 되는 돈을 빼고, 나머지 돈, 집사람 통장, 지갑에 딱 꽂아줄 때, 그 기분은…. 내 인생 돌아보면 그때가 제일 뿌듯하고 행복하고 [했어요], 물론 그 전에 돈 많이 좀 벌 때도 있었지만, 그때는 그런 거 몰랐어요. 근데 정말 행복했어요. 그래서 내가 대리를 못 버리고 되게 오래 했어요. 한 8년을 했으니까 오래 했는데. 나중에는 우리 애들 크면, 커가지고는 일부러 일이 새벽 3시까지면 나는 한 12시쯤 되면, 애들이 막 잘라고 할 때 아니면 공부하고 있으면 전화를 해요. 집 근처 가게 되면은 "뭐 하니?" 하면, 애들이 공부하고 있다고 하면 나오라고 해서 빵 사 들려서 들어가고. 근데 그게 재밌었어요. 지금 생각해 보면 그게 진짜 행복이었고, 애들 먹는 거 보면 너무 기쁘고, 난 안 먹어도 되니까. 진짜 이런 이야기를 어디 가서 또 할 수 있는 기회가 있을지 모르겠는데 진짜 해주고 싶어요, 이런 이야기. 진짜 행복했어요, 그때.

지금은 일을 안 하니까 그걸 못 하는데, 우리 큰애가 삼각김밥 이런 걸 되게 좋아했거든요. 항상 사 들고 들어가서, 삼각김밥, 빵, 우유는 잘 안 먹으니까 음료수 이렇게 사다가… 진짜 애들 잘 먹고 좋아했어요. 그게 진짜 행복이에요. 근데 애들이 많다 보니까 모든 게 대용량이라(웃음). 음료수를 사도 그게… 애들이 탄산음료를 되게 좋아해요, 콜라, 사이다 이런 거를. 그러면은 그때는 집 근처 바로 옆에 그 대리점이 있었어요. 대리점 가가지고 아예 박스로 사놓고 그랬어요. 우리 집사람은 애들한테 안 좋은데 많이 사준다고 뭐라고 많이 했었는데, 그래도 그냥 애들이 좋아하는 건 다 사주고 싶었어요. 남들처럼 막 노스페이스 몇십만 원짜리 옷은 못 사 입혀도.

애들이 그걸 알아요, 알아가지고, 우리 혜원이 같은 경우는 중학교 때, 지가 학교에서 부반장인가 그랬었는데, 친구들하고 같이 그때 그 노스페이스라고 그게 되게 유행할 때예요. 그게 교복처럼 입고 다닐 땐데 우리 애 때는 반 애들이, 이름 대면 알 거야. '펠틱스'인가? 그 인터넷에 파는 거 있어요. 그거를 공동구매해서 입고 다녔어요, 친구들끼리, 자기네들끼리 실제로. 이쁘잖아요. 근데 옷도 이뻤지만 착하고 마음 쓰는 게. 물론 그중에는 노스페이스 입는 애도 있었죠. 근데 애들이 그렇게 나름대로 자기 자신을 꾸며요, 그렇게라도 남한테 기 안 죽으면서. 그러고 우리 큰애는 되게 성숙했다기보다 이해심이 있었던 게, 그런 거에 대한 욕심이 없었어요. 그냥 진짜로. 뭐 다른 애들 쌍꺼풀 한다면 "왜 해?"[그러고]. 뭐 그런 거 관심 없었고. 그냥 수수하게 옷도 추리닝 같은 것만 사달라고 했지 제대로 뭐 사달라고 한 것도… 인터넷에서 사달라고 뭐 이야기하고. 우리 애는 돈 달라는 이야기를 안 했어요. 그러니까 진짜로, 학교, 고등학교, 단원고 다닐 때도 교통카드 충전해 주면 되게 오래갔어요. 웬만하면 걸어 다니더라고요, 집, 학교를. 그게 지

난 세월이니까 그게 모든 게 안타깝지. 그때 당시에는 그런 게 고마웠었죠. 엄마, 아빠 힘들게 돈 버는 거 아니까.

면담자   그럼 최근까지 하시던 일, 마지막까지 하셨던 일은 어떤 일인가요?

혜원 아빠   대리운전 했죠. 대리운전 했고, 낮에도, 낮에도 돈 되는 게 있었으면 했죠.

면담자   또 어떤 것을 하셨나요?

혜원 아빠   뭐 주로 운전이었죠. 탁송 같은 거, 가가지고 [차 가져다주는 거]. 왜냐면 지방 가는 사람들 차 고장 나면은 공업소에 맡기면 갖다줘야 되잖아요. 본인들이 와서 갖고 가기는 그렇고, 몇만 원씩 주고서 운송 부탁하면은 갖다주고 하는 거. 그래서 많은 수입은 없었어도 그냥 가족들끼리 그냥. 제가 장애가 있다 보니까 어느 정도 정부에서 지원도 해줘서. 저도 좀 어떻게 신청은 안 했었는데 동장님이 와서 어렵게 사는 거 알고 신청해 주서 가지고 좀 받고. 그거 받으면 많이 도움이 됐죠.

면담자   고관절 아까 말씀하신 거요?

혜원 아빠   네. 고관절 수술, 두 번. 양쪽 다 했고요. 다시 또 해야 되는데, 조금 오래 있거나 움직이면 통증이 많이 와서, 아파서 왼쪽 다리 재수술해야 되는데. 선뜻, 가서 하면 금방 하는데, 가서 선뜻 하고 싶은 마음이 아직은 없어요. 모르겠어요, 이게 지금 어떻게 하면 트라우마라고 할 수도 있고, 그럴 수도 있는데, 내가 내 몸을 수술한다는 게 또 미안해요, 우리 애한테. 그래서 못 하겠어요. 일반인이 생각하면 이해가 못 되는 곳일 수도 있는데, 저는 그래요.

면담자 　　혹시 원인은 왜인지 알고 계신가요?

혜원 아빠 　　원인은 모른대요. 저는 결혼할 때 담배 끊었고 술도 거의 안 먹는 스타일이에요. 그렇다고 운동도 과격하게 하는 것도 아니고. 어쨌든 간에 내가 병원 갈 때마다 물어봤는데 특별한 원인은 집어내지 못한대요, 어린아이도 생기고 하니까. 노인들이 많이 생기는 병인데, 술 담배도 안 한다니까 자기는 더 모르겠대요, 더. 거기다가 제가 어떻게 더 묻겠어요.

8
안산 정착 계기

면담자 　　2002년에 안산에 오셨다고 했는데 안산으로 오시게 된 특별한 이유가 있나요?

혜원 아빠 　　그 당시에 가장 가까웠던 친구, 아까 뭐 같이 일했다고 했던 친구가 여기서 있었습니다.

면담자 　　같이 또 일을 하시려고 오셨던 건가요?

혜원 아빠	그렇죠. 그때는 그렇죠.

면담자　　그때 하시던 일이 아까 말씀하셨던 건설 일인가요?

혜원 아빠　　뭐 건설 일 하기 위해서 쫓아도 다녔었고, 뭐 인터넷 사업을 한다고도 해봤었고. 뭐 지금 생각해 보면 그때 그건 생각도 하기 싫어요. 근데 별의별 거 다 했어요, 진짜로. 좀 뭐 남들에 얘기하면 좀 창피한, 약간 그런 게 있었는데, 여하튼… 결론은 많이 까먹었어요(웃음). 엄청 많이 까먹었어요. 많이 까먹었는데 빚이었었죠, 다 빚이었었죠. 자랑은 아닌데 이제 이전의 삶이었죠. 지금은 이게 물론 4·16 참사 인터뷰지만 어떻게 보면은 내 자신의 회고록 같기도 하거든요. 누구나 그렇잖아요. 한 번쯤 이렇게 감추고 싶거나 잊혀지고 싶은 그런… 그런 시간인 것 같아요.

면담자　　그럼 안산에 오실 때가 인생의 잊고 싶은 시간인가요?

혜원 아빠　　완전 바닥, 바닥 직전까지 갔을 때 왔죠. 거기다 시골에서 부모님이 주신 전세보증금까지 다 뺀 상태에서 그냥 왔으니까. 그렇죠.

면담자　　오서서 안산이라는 도시가 어떠셨어요? 아이들은 적응을 잘하던가요?

혜원 아빠　　낯선 곳이잖아요. 와보지도 않았고, 아는 사람도 없잖아요. 막막했죠. 처음에 집 잡아놓고, 집 계약하고, 이삿짐부터 집어넣었어요, 보증금도 안 주고. 집주인 찾아가서 딱 2주만 기다

려달라고, 2주만. 2주 내에 꼭 가져다드리겠다고 해서, 흔쾌히 해 주서 가지고 2주 내에 보증금 마련해 다 드리고 월세 내면서 살았 죠, 그때. 진짜… 근데 지금 생각하면은 오히려 안산을 안 왔으면 이런 일이 없었겠지만, 이런 일이 없는 상태였다면 안산은, 남들은 안산이 뭐 험한 도시라고 하는데 따뜻한 도시예요, 따뜻해.

면담자 　　　어떤 면에서요?

혜원 아빠 　　　나와 같은 사람들이 많아요. 힘든 사람들이 많고, 어 려운 사람들이 많아요. 하루 벌어 하루 살아가는 사람들이 대부분 인 데가 이 안산이에요. 그 동료의식이라기보다 같은, 뭐랄까 처지 에 대한 이해랄까. 그리고 많은 사람을 여기서 만나진 않았지만 집 사람같이 주변 분들이 되게 따뜻했어요. 사람 사는 세상이었어요. 원래 사건 사고 많은 도시가 안산인데 나름대로는 따뜻한 동네에 요. 저는 안산이 따뜻했어요.

면담자 　　　애들은 적응 잘 했었나요?

혜원 아빠 　　　어릴 때 왔으니까. 왜냐면 이제 와 가지고 유치원도 들어가고 하니까 적응 잘했죠, 애들은. 친구들 잘 사귀고. 왜냐면 애들은 그때 뭐 유치원 다닐 때고, 어릴 때니까 백지상태잖아요. 그때 모든 걸 흡수할 때니까, 그때 만난 친구들을 지금도 친한 거 지. 뭐 다르게 저기 하는 건 없잖아요. 애들은 다 저기했죠[적응 잘 했죠].

38

혜원 아빠 유영민

면담자   도시로 오면서 변화 같은 건 아이들한테 크게 없었나요? 옥천은 시골이었다고 하셔서요.

혜원 아빠   옥천[은] 시골이라고 해도 읍이었어요. 읍이다 보니까, 읍내니까 뭐 거기에 기본적인 인프라는 다 있잖아요. 여기하고 뭐 크게 차이 나는 것은 없죠, 주변이. 오히려 사는 집으로 봤을 땐 옥천이 훨 낫죠. 옥천 같은 경우는 처음에 결혼해 가지고 살던 집이 실평수 40평짜리 집이었는데요, 뭐. 여기 와서 15평짜리 집 살았던 걸 생각하면, 옥천이 훨 낫죠. 그렇게 살았던 거고, 애들 입장에서 봤을 때는, 아무것도 모르는 입장에서 봤을 때는. 근데 이제 정확히 따지면, 그래도 여기는 할 일이 많았잖아요. 내가 할 수 있는 일이 많잖아요. 이것저것 찾아보면, 진짜 내가 열심히 뛰고 몸만 열심히 굴리면 애들은 먹여 살리잖아요. 시골은 그게 많지가 않아요. 안산 와서 느낀 거는, 느꼈다기보다는 제가 경험한 거는 주변 사람들, 일반인들이니까 좀 따뜻해요. 사람 사는 세상이니까, 험한 거 아니, 험한 게 아니구나. 4·16이 있기 전까지 여기 안산 살 때는 나 개인적으로는 '참 살 만한 도시다, 따뜻했다'라고 생각을 했어요.

면담자   그럼 정착하시면서 주로 이웃들하고 친하게 지내셨나요, 아니면 직장 사람들과 가까이 지내셨나요?

혜원 아빠   인자[이제] 아무래도 뭐 집사람은 집에 있다 보니까 뭐 주변에서 아랫집, 위층 사람들이랑 만나서 얼굴도 익혔겠지만,

저는 나와서 돌아다니니까 특별히 사람을 많이 만나지는 못했어요. 제가 성격 자체가 그래서 그런 진 몰라도, 저 지금도 안산에 아는 사람이 그렇게 많지가 않아요. 이 4·16 가족들 빼면… 없어요. 안산에 아는 사람이 몇 명 안 돼요. 열 명도 안 돼요, 진짜로. 사회생활 잘못했다는 것일 수도 있는데, 그 대신 남한테 그만큼 아쉬운 소리 할 것도 없었고, 힘들어할 것도 없었고, 내 자신만 간수하면 되는 거죠. 그렇다고 남한테 해를 끼친 것도 아니었으니까. 여기 안산은… 지금도 그래요. 어디 가서 뭘 하든 몸만 움직이면, 큰일 아니어도 몸만 움직이면, 먹고는 살아요, 먹고는. 우리가 먹고살려는 게 목표는 아니잖아요. 못 살겠다, 못 살겠다 하는 소리 하는 집도 그 사람들 입장에서는 그게 맞는 소리일 수도 있고. 사고 이후에는 어떻게 살아가는 그거에 대한 생각이 없어요. 우리의 목적은 하나밖에 없으니까.

9
교우 관계

면담자 그럼 아버님 어린 시절 친구들은 주로 어디에 계시나요?

혜원 아빠 어린 시절 친구들이야 사방팔방에 깔려 있죠. 그렇지 않아요? 시골에서는 다. 물론 옥천도 있고, 뭐 청주에도 많고,

분당에도 있고, 저쪽 남양주에도 있고 많아요, 친구들은, 고향 친구들은.

면담자　　　그럼 사방팔방에 있는 친구들은 고향 떠나시고 다 어떻게 만나셨어요?

혜원 아빠　　　고향 떠나도 명절 때는 가잖아요. 명절 때 만나면, 만나면 되죠 뭐. 그리고 요즘에 핸드폰 다 있잖아요. 전화 한 통이면 안부 다 묻고, 다 하는데(웃음). 오히려 잊었던 친구들도 많이 만났죠, 잊혀졌던 친구들도. 대학교 친구들도 만나고. 제 성격 그렇게 모난 성격 아니에요. 친구들 많아요(웃음).

면담자　　　(웃음) 친구들 자주 만나시는 편이세요?

혜원 아빠　　　자주… 글쎄요. 자주 뭐… 명절 때는 꼭 만나고. 아니 자주 만나는 거는, 요즘 뭐 차 없는 집 없잖아요. 어제 그저께도 막 군산 가서 우리 친구 만나고 왔는데. 2시간이면 가잖아요. 웬만한 데는 2시간이면 다 가는데, 2시간, 3시간이면 다 가는데, 만나려고 맘만 먹으면 가죠. 시간 낸다는 게 그렇게 쉬운 건 아니지만.

면담자　　　근데 그래도 비교적 친구를 자주 만나시는 성향이신 것 같은데, 맞나요?

혜원 아빠　　　아니에요.

면담자　　　자주 만나시지는 못하셨군요.

혜원 아빠　　　고정적으로 정해진 모임에는 참석을 하는데. 그니까 명절 때 보고, 어떤 특별한 개최가 있지 않으면 안 만나요. 못 만나죠. 어떤 특별한 일이라고 하면 행사 같은 데가 있으면 참석을 하고, 명절 때 가고 그러고서, 원래 모임이라는 게 정해진 날짜가 있잖아요, 몇 월 달에 만나기로 하는 게 있으면 그때 가서 참석을 하고. 그 정도고 남들 만나는 만큼만 만나요.

면담자   그러면 주기적으로 하시는 공식적인 모임 같은 게 몇 가지 있으신가요?

혜원 아빠   있죠.

면담자   어떤 게 있나요?

혜원 아빠   초등학교 동창 모임은 분기에 한 번씩 있고, 대학교 모임은 1년에 날 딱 정해서 고정적으로 만나는 모임이 있고. 특히 또 가장 친했던 친구들은 한… 수시로 만나요, 가끔씩이라도. 보고 싶을, 친구가 보고 싶을 때가 있잖아요. 그니까 우리 나이 때쯤 되면은 그 초등학교 적 친구들, 그 어릴 적 친구들이 되게 그리워져요, 불현듯 보고 싶기도 하고 그래서. 그러면 만나러 가요. 그래도 이것저것 합치면 1년에 열 몇 번 되는 것 같은데, 보면은. 뭐 필요하면. 그리고 또 안산도 안 찾아서 [그렇지], 찾으면 여기 많아요, 초등학교 친구들. 뭐 시흥에도 있고, 뭐 안산도 근처에 셋이나 있고. 어제도 전화 왔었지만 술 한잔하자는데 맨날 만나면 술 한잔하자[는데], 내가 술 안 먹으니까.

면담자   술은 원래 안 드세요?

혜원 아빠   집안이 술을 잘 먹는 집안인데, 저만 못 먹어요.

면담자   못 드신다 함은 어떤 뜻인가요?

혜원 아빠   아파서. 어릴 때부터 아팠어요. 그게, 내 기억에 고
등학교 때부터인가 위장병처럼 속이 아파 가지고, 너무 아파서 통
증이 너무 심해 가지고 약을 먹으며 겨우겨우 버텼어요. 그니까 그
상태에서 술을 먹었다 하면 뭐 거의 반죽음이죠. 못 먹죠. 나중에
20년 뒤에 알게 된 게 십이지장궤양이라는 걸 알았죠. 그래서 이제
약 많이, 오래 먹었죠. 의사선생님이 딱 보더니 "고생 많이 했겠다"
하면서 십이지장이 많이 변형되었다고, 그 6개월 이상을 약 먹어야
된다고 해서… 먹었죠. 근데 2년인가, 2년인가 집사람도 십이지장
궤양 앓았어요. 같이 앓았고. 그래서 혜원이가 십이지장궤양을 앓
았어요. 학교 갔다 오면 맨날 밥 먹으면, 밥도 못 먹고 아프다고 그
래 가지고, 나중에 내시경 찍었더니 십이지장궤양이라고 그러더라
고. 입원시켜 가지고, 일주일 입원시켜서 많이 저기해서 일주일 입
원시켜서 치료했고 그랬죠. 그것도 유전되나 봐요, 엄마, 아빠가
다 있으니까. 그거 치료받고 나서는 속은 많이 좋아졌는데 20년 가
까이 안 먹었던 술 먹으려면 먹겠어요? 못 먹지. 아니, 어떤 자리
가서 쪼끔씩은 마셔요. 쪼끔씩은 마시는데 굳이 뭐 싫은 걸 억지로
먹을 수는 없잖아요. 그라고 이제 알잖아, 20년 동안 안 먹는 거.
아니까 주위에서 억지로 권하지도 않고. 그렇게 됐어요.

10
4·16 이전의 일상

면담자　　　퇴근길에 빵 사 오시는 이야기해 주셨는데, 4·16 참사 이전의 하루 일과를 말씀해 주세요. 출근을, 대리운전을 하셨을 때는 저녁에 하셨으니까 저녁부터 해주셔도 좋고, 하루를 어떻게 보내셨는지 말씀해 주세요.

혜원 아빠　　　근데 쳇바퀴 인생이죠, 다 똑같은데. 물론 이 시대의 아빠, 엄마들의 똑같은 삶이었지만. 직장인들은 아침에 나가서 저녁때 퇴근하잖아요? 우리는 이제 한 7시쯤 돼서 나가요. 나가면 일이 8시 시작되면, 보통 한 새벽 3시쯤에 끝나요, 2시, 3시에. 그니깐 2시나 집에 들어오고 하면 3시라 치면, 씻고 자. 자면은 8시나 9시쯤 일어나서 다시 핸드폰을 켜면, 탁송이라는 게 뭐냐면 이제 그 차를 배달해 주는 거예요, 다른 지역에다가. 다른 데 배달해 주는데, 고거를 한 2건 정도 해서 출발을 하면은, 아침에 오다[지시]받아가지고 차 갖다주고 오고. 하루에 많아야 두 건이에요. 그거 하고, 그거 하고, 그거 하면 저녁때 되죠. 그거 없는 날은 좀 쉬고, 아니면은 아는 사람이 일하는 데 차 좀 운전해 달라고 하면 이렇게 해주고. 그러고 나면 저녁때 대리 일 하고. 대리 일 같은 경우는 저도 워낙 길눈 어두워 가지고, 저는 안산 시내는 안 벗어났어요. 하다못해 옆에 안양까지도 안 갔어요, 저는(웃음). 안산만 벗어나도 길을 몰라가지고 어기적거리니까 너무 싫었어요, 그래서 안산만 했

혜원 아빠 유영민

고. 그 대신 이제 낮에 가는 것은 내비 켜고 가니까, 혼자 가는 거는 누가 뭐라 할 수가 없잖아요, 다른 지역[이라도 할 수 있었던 거지요]. 근데 대리할 때는 손님, 차주를 태우고 가니까 내가 길을 못 찾고 헤매면 싫어하거든요. 그게 싫으니까 안 갔지만, 탁송은 내비 켜고 가니까 혼자서 갈 수 있었죠. 멀리 가면은 전남 여수까지도 갔다 왔으니까.

면담자   그 낮에 하시는 탁송 일은 주로 일주일에 몇 번 정도 하셨어요?

혜원 아빠   대중없어요. 어떤 날은 하루에 두 번, 세 번도 나갈 수 있고, 어떤 날은 없고. 일주일 내내 한 건 있을 수도 있고. 많은 날은 하루에도 두 건, 세 건 있거나, 피곤하죠. 대리 일은 고정적으로 기본, 대리라는 거는 내가 하기 나름인데 기본적으로 고정적[으로] 잡히는 것은 있죠, 어느 정도. 그래도 주야간 합치면은 남들 봉급 받는 정도 이상은 됐죠.

면담자   아이들은 그럼 아침이랑 밤에 주로 만나신건가요?

혜원 아빠   그렇죠. 아침에 학교 갈 때 잠깐 보고. 그리고 이제 저녁때 일 나가기 전에 같이 저녁, 웬만하면 저녁은 같이 먹으려고 했어요, 애들하고. 그리고 이제 딸내미는, 우리 혜원이, 혜원이 같은 경우는 이제 고등학생 되면서 야간 자습하니까. 어떤 날은, 지금도 내가, 카카오 이것저것하면서 사라졌는데, 보니까 마지막 우리 혜원이하고 카톡한 내용이 있었어요. "딸 어디야?" 했더니, 내가 딸을, 이제 10시에 끝나는 걸 아니까, 내가 때마침 걔네 학교 근처 쪽이라 "버스 탔냐?" 그랬더니, "어, 탔어" 그러더라고. "몇 번?"[이라고 물었죠]. 집에 가는 버스를 탔더라고요. 그래서 그다음 다음 정거장에 제가 있었어요. 그래서 나도 그 버스 타려고 서 있는데 학생들이 너무 많이 타 가지고 자리가 꽉 [차] 있는 거예요. 그래서 안 탔어요. 그랬더니 우리 딸이 "아, 나 아빠 봤다" 그러더라고요. "그래? 어디서?" 그랬죠. 정류장에 있는 것 봤다고 그러더라고요. "알았어" [했더니], "아빠 왜 안탔어?"[라고 해서], "사람이 너무 많아서" 그랬더니, "응 알았어. 아빠 수고해". 이러니까 애가 보고 싶은 거예요. 그래 가지고 이제 그 버스가 안산은 이렇게 거꾸로, 거꾸로 한 바퀴 돌아 나오는데, 돌아와야 돼요, 우리는. 그래서 저는 이 반대편 다른 차선에서 타가지고. 계산하니까 걔네랑 비슷하게 도착할 것 같더라고요. 내렸죠. "내리면 집에 가지 말고 슈퍼 앞에 있어" 그랬더니 "왜?" 그러더라고요. "아빠랑 맛있는 거 먹고 가자" 그렇게 했던 게 있었어요. 그런 내용은 못 지우겠더라고요. 어디 캡처한 게 있을 텐데, 업그레이드를 받아서 지금 사라진 것 같애요. 큰딸이 그나마 살가웠죠, 그래도. 고등학생 되어도 아빠한테 와서 서슴없이 뽀뽀까지 해 주고. 〈비공개〉 "뽀뽀!" 하면 얼른 와서 '쪽' 뽀뽀해 주고.

면담자   퇴근하실 때 아이들이 안 자고 있을 때도 많았어요?

혜원 아빠   어떤 날은, 비가 많이 오거나 춥거나 하는 날은 일찍

들어가는 날이 있어요. 어떤 날은 집 앞에 또 어떤 손님이, 딱 내가 사는 건물 근처, 하필 집 근처에 딱 가면은, '에휴, 오늘은 이만큼만 하고 들어갈까' 하는 그런 생각이 있거든요. 그러면 애들이 안 자고 있어요. 다 안 자고 있어요. 야식도 해다 먹고.

면담자   배달음식이요?

혜원 아빠   아니요.

면담자   해서 드시는 건가요?

혜원 아빠   네.

면담자   아버님이 요리하세요?

혜원 아빠   웬만한 거는 제가 다 하죠. 요리라기보다는 주로 인 자[이제], 라면 끓여 먹고 그런 식인데. 라면도 라면이지마는, 우리 애들은 우유 넣고 제가 해주는, 라면 끓여주는 게 있어요. 되게 좋 아했어요. 우유하고 라면 끓여서, 스프[를 라면] 두 개에 하나 넣고 하면은 그 까르보나라 비슷하게 나와요. 방송에도 했는데 우유보 나라고 얘기를 해요. 우유보나라 해달라고, 그렇게. 맛있더라고 요, 먹어봐도. 그걸 좋아했어요. 혜원이도 좋아하고 다 좋아했어 요. 지금도 애들은 그거는 꼭 해달라고 해요, 저한테.

면담자   여섯 명이서 라면은 몇 개 끓이나요?

혜원 아빠   많이 먹죠(웃음). 최하 여섯 개는 끓이죠, 최하 여섯 개.

면담자   어머님도 같이 드세요?

혜원 아빠   네, 집사람도 그거 좋아했어요. 그러고 그런 거 끓이려면 두 군데다 끓여야죠, 여섯 개를 끓이려면은. 왜냐면 한 번에 끓이면 그게 불고 그러니까, 양쪽으로. 그것도 스킬[기술]이 필요하더라고요, 끓이다 보니까.

면담자   평일은 그렇게 일상이 되시는 거고, 주말은 어떻게 되나요?

혜원 아빠   주말도 똑같애요. 대리운전한테 주말이 어딨어요? 주말에 술 더 많이 먹는데. 주말에 덜 먹는구나, 요즘은. 맨날 주말에도 일해요. 거의 한 달 내내 풀로[꽉 차게] 일했어요, 진짜 특별한 날이 없으면. 내가 아프거나 아니면 뭐 날씨가 나쁘거나. 비가 웬만큼 쏟아져서는 다 일했어요. 오히려, 비 오는 건 오히려 좋아요, 기사들 안 나오니까 일거리가 더 많아요.

면담자   그럼 식구들이 주말에 같이 하는 일이나, 가는 곳이나 그런 게 따로 있진 않았던 건가요?

혜원 아빠   없었어요. 없는 대신 방학 때 되면 애들 외갓집[에] 한 2박 3일씩 갔다 오고, 또 옥천도 갔다 오고. 어디 가자고 하고[하면]. 애들이 가고 싶어 하는 데는 갔었어요. 왜냐하면 누구한테 내가 얽매어서 일하는 것도 아니고, 시간은 좀 여유가 있는 일이니까. 그런 건 있었어요. 애들이 가고 싶다고 하면… 막 돈이 많이 들어가고 그러는 데는 좀 못 갔지만, 그래도 뭐 어디 구경하고 싶다, 어디 가고 싶다고 하면 갔었고. 우리 혜원이 같은 경우는 혜원이 친구 애들 셋 데리고 우리 애들하고 해서, 제가 그때 차가 9인승이었으니까 9명 다 태우고 강원도 가서 2박 3일 있다가 오고.

면담자   외할머니 댁에요?

혜원 아빠   네, 좋아하죠. 여고, 여중, 중학교 2학년, 3학년, 고등학교 때인데, 친구들 데리고 가는데 얼마나 좋아하겠어요.

면담자   친구 부모님도 좋아하셨겠고요(웃음).

혜원 아빠   친구 부모님도 맨날 와서 노니간 이뻐했고, 또 아니까 믿었으니까 보내줬고, 그랬었죠.

면담자   양쪽 할머니 댁 말고, 또 어디 가족여행 같은 거 다니셨어요?

혜원 아빠   네. 뭐 완도도 갔다 왔고, 완도 갔다 오면서 보성도 들리고, 강릉도 들렀고, 거기서 녹차밭 가서 구경도 하고, 군산도 갔었고. 그니까 애들이 원하는, 가고 싶어 하는 데는 웬만하면 가서 구경할라고 했었어요. 저 문경 같은 데 가서 촬영장도 갔었고 뭐, 대구도 갔다가 대구도 [구경하고]. 남들처럼 막 호화롭게는 못 갔어도 갔다 오고, 주로 새벽에. 내가 밤에 운전하니까 일 끝나고 와 가지고 졸리기 전에 차 끌고 싸악 가가지고, 아침 일찍 가서, 차 밀리기 전에 가서 구경 다 하고. 나만 애들 구경하고 놀 때 좀 잠깐

자고 올라오고 했었죠.

면담자　　　　아이들이 가고 싶어 한 데는 어떤 곳이었어요?

혜원 아빠　　　어릴 때는 뭐 눈썰[매장], 물놀이장도 갔었고, 눈썰매장도 가고 싶어 했을 거 아니에요? 그런 데 가서 놀았고. 좀 커서는 지 친구들끼리 어디 가고 싶다고 해서, 주로 인자[이제] 그거 애들이 고등학생만 되도 부모님이랑 같이 안 가요, 지 친구들끼리 어디 갈라고 하지. 그때는 뭐 이제 돈만 쥐어 주면 되는 거니까, 갔다 오라고 하고. 그렇다고 큰돈 드는 것도 아니잖아요. 다 삶이 다 고만고만한 애들끼리 모여서 사는데 뭐 누가 뭐 돈 많이 달라고 하겠어요? 가족들이 가야할 곳이면은, 특히 우리 저 대학교 친구들 모임은 가족들 동반이거든요, 다. 그럼 다 데리고 가가지고 1박 2일씩 있고. 그다음에 뭐 저쪽 태안 뭐, 서산, 태안 그쪽으로 해가지고, 하여튼 뭐 그래도 골고루 여기저기 많이 돌아다녔어요. 부안, 군산, 부안 그쪽으로 해서, 충남 쪽으로 해서, 강원도 쪽으로 울산으로, 부산으로… 돌아다니기는 많이 돌아다녔어요.

11
혜원이와의 추억

면담자　　　　이미 몇 가지 말씀해 주시긴 하셨는데, 혜원이랑 있었던 일화나 기억 중 특히 생각 많이 나시는 거 있으시면 더 말씀해 주세요.

혜원 아빠   그게, 그게 참 안타까운 게, 어떤 특별한 추억이라는 게…, 또 이렇게 소소한 일상에서 나눴던 것들이, 첨에는 예전에는 기억도 못했던 것들이 불현, 불현듯 떠올라요. 그런 건 있는데 이렇게 생각해 보면, 또 우리 혜원이하고 또 둘이서 막 나눴던 추억에 대해 그런 건 없는 것 같애요. 고등학교 입학하는 것도 "너 학교 어디 갈래?" 했더니 "아빠, 나 단원고 갈래"[라고 하길래] "그래". 저는 웬만하면 이제, 웬만한 것들은 거의 모든 걸 아이들의 뜻에 다 맡기는 스타일이니까. 그리고 뭐 애가 또 뭐 여성 저기면 지 엄마하고 상의를 하니까. 나하고 얘기하는 건 뭐… 주로 아빠하고 딸하고는 투닥거리고 싸우는 게 많지 뭐. 집에 항상 친구들을 데리고 오는 걸 좋아해서, 친구들 데리고 오면은 밥이나 비벼주고. 요리할 줄 아는 게 없으니까(웃음). 그때는, 애 엄마도 일 다니고 할 때는, 애들 저녁 챙기고. 혜원이하고 생각하면 막 이렇게 애틋한 추억이나 그런 건 없네요, 네.

면담자   혹시 투닥거리는 거는 어떤 거 때문에 그러셨는지요?

혜원 아빠   투닥거리는 거 많죠. 그, 공부 잘해서라기보다 기본적으로 혜원이를, 어려운 가정에 주는 거라고 해서 장학금 받은 게 있었는데, 그거를 이제, 장학금을 지는 지가 갖기를 원했고, 아빠는, 나 나름대로는 그거는 다르게, 지한테 뭐 해줄려고 생각을 했었는데, 그런 것 갖고 투닥거린 것도 있고. 근데 크게 투닥거린 건 없어요. 왜냐면 아까도 이야기했지만, 애가 돈이 필요할 때도요, 그니깐 쉽게 말해서 참고서가 필요하면은, "아빠 나 뭐 사야 돼" 하면은 "얼마냐?" 하면 "7000원" 그러면은 만 원짜리를 주면 3000원 거슬러 와요, 고등학생인데. 나는 오히려 그게 안 했으면 좋았겠었어, 안 했으면. 그냥 지가 썼으면 좋았을 건데, 그런 걸 이렇게 가지고 와. 그러면 안타까워요. 그냥 지 쓰지, 용돈도 안 줬거든요. 용돈 준 적이 없었어요. "아빠, 나 뭐 하는데 얼마만 주세요", 그거만 필요하면 딱 주니까. 그니까 돈이, "아빠 나 돈 많이 필요 없는데" 이렇게 [말]해요. 되게 알뜰했었어. 지, 지 동생들하고 틀리더라고. 진짜 알뜰했었어요.

우리 혜원이가 기억나는 게 하나 있구나. 나중에 친구들이 얘기해 줘 가지고, 친구들이, 혜원이 친구들이 "아버님, 혜원이는 절대로 신호위반을 안 해요. 암만 바빠도 안 한대요". 애들이 우리들도 이제 같이 야간 자습 간다고 걸어가다가도요, 아무리 조그만 도로라도 신호등 있으면 꼬옥 지켜서 걸었대요. 근데 지금 생각해 보니까, 그러니깐 예전에 혜원이하고 같이 점심을, 애 엄마하고 혜원이하고 셋이서, 동생들 빼고 셋이서만 밥을 먹으러 간 적이 있는데, 애가 신호위반을, 건너나 안 건너나[를 보고 있다가], 내가 신호위반을 [해서] 건너갈라고 하니까, 혜원이가 "아빠, 안 돼" 하면서 팔을 꼬옥 끌어안고 있었어요, 못 건너가게. 그게 기억나요. 너무 생생하니까 지금도 팔을 잡고 있는 것 같애요, 진짜로. 그런 게 있었네, 우리 혜원이가. 친구들 다 얘기하더라고요. 한 번도, 한 번도 신호위반한 적이 없다고. 학교에 지각이더라도 신호위반 안 한다고. '그랬구나, 우리 혜원이. 그렇게 그냥 바르게 컸구나' 생각을 했었어요.

면담자　　　아버님이 어머님이랑 혜원이 키우시면서 어떤 것만은 꼭 지켜줬으면 좋겠다라든지, 특별한 양육 방식이 혹시 있으셨나요?

혜원 아빠　　　하루 벌어 하루 먹고사는 사람들한테는 양육 방식이라는 거는, 처음에 이제 가졌던 마음가짐이겠죠. 어떤, 뭐 진로를 논하거나, 물론 진로 얘기를 했었어요. "하고 싶은 게 뭐냐?", "어디 대학을 가고 싶냐?" 내가 대리 일을 그렇게 악착같이 한 것도요, 최소한 애들한테 돈 없어서 대학 못 보냈다는 얘기 듣기 싫어 가지고 [그랬던 거죠]. 혜원이 고등학교 입학하면서부터 다달이 50만 원씩 적금을 들었었어요. 적금이라기보다 따박따박 모았었어요, 애 앞으로. 그러면 최소 대학교 1, 2년은 버틸 수 있지 않을까 생각했었어요. 그래서 그렇게 했었는데, 방송계 쪽 일을 하고 싶어 하더라고요, 혜원이는. 방송계 쪽으로 가서, 지가 그쪽 계통의 일을 하고 싶고, 지 또 사촌언니가 예대 쪽을 나와서 방송 저기 그 방송 피디 쪽 일을 하다 보니까 같이 영향을 많이 받았던 것도 있고. 작가 쪽으로 관심 갖고 싶어 해서, 저는 뭐 전폭적으로 지지를 했죠, 하라고, 하고 싶은 거 하라고 했어요. "니가 하다 힘들면 나중에 그만두고, 하고 싶은 거 해라", "후회하지 않을 거 해라".

　아까도 말씀드렸다시피 애 엄마도 그렇고 저도 그렇고 애들이

53
·
1회차

원하는 걸 하기를 바래요, 저는. 지금 우리 작은 애가 단원고 다니
는데 둘째가 공부를 썩 잘해요. 송호중학교 있다가 갈 때도 뭐, 내
가 알기로는 지가 1등으로 들어갔다고 하더라고요, 반에서. 잘하는
편인데 아직까지 학원 한 번도 안 보냈어요, 걔들은. "그냥 니네가,
니가 하고 싶은 거 하고, 학원도 니가 다니고 싶으면 아빠한테 얘
기해라, 어느 학원 가겠다고. 이빠한테 학원 구해달라는 말하지 말
고, 학원을 지정해서 얘기해라. 그러면 보내주겠다" 이렇게 얘기를
했었고, 뭐 애들한테 이거 해라, 저거 해라, 내가 애들의 인생에 그
뒤에서 후원해 주고 방향을 잡아줄 수 있어도, 걔들을 내가 이끌
수는 없어요. 애들이 사서 하게끔 만들어줘야지. 저는 뭐 제가 학
교에 어릴 때, 교육과정, 부모님이 물론 뭐 부모님 말씀대로, 못 배
우고 그러서서 그런다고 하시지만, 다 맡겼어요, 우리가 알아서 하
게끔. 근데 저 또한 그렇게 하고 싶어요. 그래서 후회를 해도 내가
해야지, 그 후회 속에 부모님 원망하고 싶은 마음 하나도 없거든
요. 우리 딸내미, 저 둘째도 그렇고, 혜원이 때도 그랬었어요, "니
가 찾아갔으면 좋겠다".

아까 내가 술 못 먹는다고 했죠? 작년 11월 14일 날, 수능시험
보는 날 제일, 태어나서 제일 많은 술을 먹었어요, 그때. 그때 술
진짜 많이 먹어봤어요. 술이 취하지를 않더라고요. 그때 모임, 일
부러 모임을 만들어서 나갔었는데, 주위 사람들이 신기하다고 할
정도로 많이 먹었어요. 기억에 한 소주 맥주 합치면 한 대여섯 병
정도 먹은 것 같아요. 하나도 안 취하더라고요. 자꾸 화만 나고 울

혜원 아빠 유영민

화만 터지더라고요, 수능 보는 날. 4·16 1주기 때도 그렇게 안, 안 그랬는데, 수능 볼 때는 참 미치겠더라고요. 저도 죽겠더라고요. 갑자기 또 그 생각이 확 나네, 애 진로 이야기하고 그러니까.

12
정치에 대한 관심 및 견해

면담자 　　아버님 종교 있으신가요?

혜원 아빠 　　없어요. 예전에 있었는데, 어떤 특별 종교를 비하하거나 욕할 마음은 없는데 너무나 많은 실망을 해서 종교계하고는 인연을 끊고, 지금은 종교는 없어요. 단지 좋아하는, 좋아하는 종교를 찾으라면, 우리 애들 사고 이후에 천주교 쪽에 많이, 천주교를 많이 옹호하고 좋아는 하는데. 그렇다고 천주교 적을 두고 싶은 마음은 없고, 좋아하고 괜찮다 생각을 해요.

면담자 　　원래 종교가 있으셨는데 바뀌신 거예요?

혜원 아빠 　　대학, 고등학교 때 대학 포기할 정도로 열심히, 미쳤던 종교가 있었죠. 근데요 너무나 큰 실망을 해서 과감하게, 흔히 말하는 정떨어질 정도로 싫어했어요. 정떨어졌죠.

면담자 　　정치에는 관심이 좀 있으신 편이셨나요?

혜원 아빠 　　없었죠. 정치에 관심? 4·16 참사 이전에 흔히 말하는 그냥 우리 일반인들이 가지는 관심 정도? 난 누가 좋다, 그냥 내 지역구 국회의원이 누군지는 모르고, 대선 후보는 누가 좋다 이런 정도의 관심이 있었지. 지금처럼 뭐 세세하게 정치 법안부터서 누가 뭣 하나 그런 것까지는 관심이 없었죠. 지금은 있죠. 내가 정치를 한다는 게 아니라 내가 알아야지 주위에도 알리니까, 있죠. 그담에, 아시잖아요? 우리 일은 누가 뭐 자꾸 정치적으로 개입을 한다는 데, 개입하기 싫어요. 근데 이거는 정치적으로 풀 수밖에 없는 문제잖아요. 정치[하는] 사람들이 풀어주지 않으면 도저히 풀 수 있는 방법이 없잖아요. 그러니까 정치에 관심을, 관심을 가진 거고, 정치를 논하고 내가 할 수 있는 거지. 근데 결론은 그거더라고, 알면 알 수록 이 나라 정치는 썩어 문드러졌고, 쓰레기들이, 쓰레기들이 쓰레기통에서 정치하는 것 같더라고요. 진짜 정치하는 거 보면 구역질나요.

면담자   이전에는 그럼 정치에 대해서 특별히 뭐 안 좋은 감정까지는 없으셨던 건가요?

혜원 아빠   그렇죠.

면담자   선거 때 관심 가지시고 이런 정도였던 건가요?

혜원 아빠   선거 때도 뭐 하다못해 선거 나와서 뭐 하는 것, 유세도 안 봤고, 누가 또 당원 이야기하는 데 그런 것도 관심도 없었고. 투표는 했어요, 투표는 했는데 크게 뭐 그냥 관심은 없었어요. 진짜 관심 없었어요, 오히려 뭐 오락 프로, TV 프로에 더 관심 있었지. 지금 생각하니까 내가 멍청한 짓을 한 것 같애요. 진작에 관심을 갖고, 주위를 깨우쳐서 개혁을 시켰어야 되는데. 어설프게 들어, 어설픈 주제 갖고서 얘기는 나눌 수는 있어도 뭐 어떠한 확고한 의지 같은 그런 건 없었죠.

면담자   특별한 정치 성향이라든지, 특별히 지지하는 정당도 없으셨어요?

혜원 아빠   없었어요. 단지 그때는 한나라 있죠? 한나라당이 쪼끔 싫었었지, 그렇다고 막 죽기 살기만큼 싫었던 것은 아니었어요. 정치라는 거…(한숨) 지금 생각하면 치가 떨리는데 그때는 크게 뭐.

면담자   그러면 투표하실 때 주로 어떤 점을 고려해서 결정하셨나요?

혜원 아빠   그래도 투표할 때 이케[이렇게] 보면은, 내 지역구 사람들 뽑을 때 보면은, 아는 사람들끼리 모여서 얘기하잖아요? 누가 좋다[고] 누가 얘기하고, 그 사람이 좋아한다 해서 그 사람 따라가는 건 아니지만 [그거] 보고, 집으로 그거[후보자 선전 책자] 오잖아요? 오고, [그거] 보고. 근데 주로 야당 인사를 많이 뽑긴 뽑았죠, 아무래도 야당…. 아까 말했지만 한나라당, 차떼기당 그거 뭐 이미지 안 좋았잖아요? 그랬었고, 약자가 약자를 돕는다고 아무래도 그런 것들은 또 야당 쪽으로 많이 기울죠. 어떤 정치적 노선인 거보다는 그런 쪽으로 많이 갔었죠. 항상 그랬었던 것 같애요. 그리고 후보가 워낙 난립하잖아요. 선거 때면 지역 자치 선거부터 해가지고 교육감 선거까지 다 하다 보니까, 저번 선거는 너무 많은 사람이 나와 가지고 누가 누구인지도 모르는데 뭐. 그걸 어떻게 알겠어요.

13
수학여행 직전의 기억

면담자　　　아버님께서 살아오신 삶 전반에 대해서는 잘 들은 것 같고요. 이제 혜원이 수학여행 떠나기 전, 직전에 대해서 조금 여쭤보고 싶은데요. 수학여행 출발 전에, 수학여행에 대해서 어떤 이야기를 알고 계셨나요?

혜원 아빠　　　애들이, 수학여행이라는 게 참 들떠서, 들뜰 때잖아요. 근데 여학생이니까 아무래도 옷 같은 것도 관심이 있고. 혜원이가 "아빠, 나 아디다스 바지 하나 사주면 안 돼?" [해서 제가] "사" [했더니], "정말?"[이라고 해서] [제가] "응" [했더니] "비싼데?" 그러더라고요. "그래도 사"[라고 했죠]. 첨, 처음이라기보다는 대놓고 아빠한테 사달라고 조르니까 얼마나 좋아요, 사야죠. 근데 바지만 인터넷에서 샀어요. 뭐 비싸다고 하는데 그렇게 얼마 안 하더라고요, 생각보다. 그런데 지는 윗도리가 갖고 싶었던가 봐. "아, 윗도리도 살걸" 그러더라고요. "사지 그랬어?" 그랬더니 "아빠, 그거 비싸" 그러더라고요. 그래도 그거 사주고, 캐리어 가방, 지가 원하는 거 사주고, 아침에 차로 태워서 학교 앞까지 데려다주고, 조심히 갔다 오라고 하고. "돈 많이 필요하니?" 했더니 "돈 필요 없어" 그러기에, "그러면 얼마 줄까?" 그랬더니 "그냥 쪼금만 줘" 그러더라고요. 그래서 또 5만 원 줬더니, "아, 10만 원 줄까?" 했더니, "아니야. 그렇게 필요 없어" 그래서 5만 원만 주면서, 그것도 그나마 반 나눠서 핸드폰에 뒤에다 넣고, 주머니에 넣고 가방에 넣고 하더라고요. 그러면서 저녁때 인자[이제] 나가서 일하고 있는데, 저한테 전화가 따르릉 오더라고요. "아빠", "왜?" 그랬더니 "짜증나 죽겠어" 그러더라고요. "우리 도로 집으로 가야 돼" 그래서 "왜?" 했더니, "안개가 와서 배가 출항을 못 한대" 그래. "아이고 잘됐다. 축하한다. 빨리 와" 그랬죠. 그때 왔으면 얼마나 좋아요, 그때 왔으면. 근데 바로 [전화가] 왔더라고요, "아빠 우리 출항해" 그러더라고요. 그래서 "조심히 갔다 와" 그랬는데(한숨). 죽겠네, 그때 생각하면 또. 그게 마지막이었죠, 우리 애하고 마지막.

되게 들떴었어요, 수학여행 간다고. 우리 혜원이가 집에서는 되게 얌전한 아이였거든요. 진짜 난 나중에 진짜 알았는데 학교에서는 그게 아니었더라고요. 댄스도 하고, 지가 안무도 짜가지고 애들한테 춤도 가르치고, 지가 사진 찍어서 편집도 하고. 그게 다 있는 거예요, 노트북에. 처음 알았어요, 애가 그런 재주가 있는 걸. 나중에 가서, 중학교 때 선생님 만나서 물었더니, "야, 우리 반에 댄스할 사람 있어? 없지?" 했더니, 혜원이가 조용히 손 들어서 "선생님, 제가 할 거예요" 이러더라고요[이랬다더라고요]. 지가 친구들 뽑아가지고 이렇게 해서 만들어가지고, 안무도 짜가지고, 학교 끝나고, 또 토요일 날, 일요일 날, 학교 가서 애들 불러서 연습하고. 체육대회 때 하는 것도 다 만들어서 다 하고, 그것도 사진 찍고 필름, 핸드폰으로 찍어서 지가 편집하고 음악 넣고 다 했더라고요. 몰랐죠. 나중에 알았죠. 그걸 진작 알았으면 도와줄 수 있었을 뻔했는데. 그런 재주가 있는 것을 알았으면, 그걸 좀 빠르게 지가 할 수 있게끔 도와줬을 텐데. 중학교 3학년 때하고 고등학교 1학년 때 그걸 했더라고요. 그 동영상 있을 건데, 집사람이 갖고 있을 거예요. 거기 이따 보면은 편집·감독해 가지고 우리 딸내미 이름 올라가고, 지네 반 친구들 누구 출연, 누구 출연 해가지고 한 게 있고(한숨).

면담자　　　활달했었나 보네요.

혜원 아빠　　네. 근데 지금 생각하면, [집에서는] 진짜 잠만 자는 애였어요. 최고 많이 잘 때는 24시간도 자요, 잠을, 진짜로. 그냥 막 깨우면 "아우, 졸려" 하고 화장실만 갔다 오고 또 자요. 난 참 잠을 그렇게 자는 애는 첨 봤어. 어떻게 학교생활 하나 했는데, 학교 가서는 또 그런 면이 있더라고요. 그러니까 어느 정도인가 하면, 약속을 하면 친구들이요, 약속을 하면 약속 장소로 안 가요, 애들이. 어련히 집에 와서 애를 깨워서 데리고 갔어요, 당연한 듯이. 그 정도로 좀 되게 무심하고 시크했어요. 애들하고 막 싸우면 "안 봐", "그려" 하고 끝. 걔는 또 그 말하면 그대로 가요. 안 보면 안 보는 거예요. 고집도 셌고. 여담이지만 인기도 좀 있었더라고요. 중학교 때, 애들 9월 며칠인가? 크리스마스 100일 앞두고 맞춰서 '고백데

이'라는 날이 있어요, 학생들한테. 그날 고백해서 사귀면 크리스마스가 100일이 되는 날, 그래 가지고 막 놀렸어요. 그랬더니 나중에 얘기해 주더라고요. 네 명한테 받았대요, 고백을. 그래서 그때 전교 1등하고 사귀었다고 하더라고요.

면담자   그것도 아버님 모르셨던 이야기인가요?

혜원 아빠   몰랐죠. 나중에 얘기해 주더라고요. 나중에 우리 애한테 어떤 애가 와가지고, 왔는데 딸내미하고 친했던 애가 잠깐 혜원이 하고 사귀었던 애라고. 애들 사귀는 데 소꿉장난처럼 재밌고한 거니까. 그런 면이 있는 거는, 학교생활 하고 집하고는 영 생활이 딴판이더라고요. 나중에 알았지. 근데 그 이후부터는 나도 애들한테 관심을, 학교생활에 관심을 많이 갖게 되더라고요.

14
마무리

면담자   네, 아버님 얘기 잘 들었고요. 방금도 조금 힘드셨는데, 수학여행 가기 전에 대해 말씀해 주셨잖아요. 다음에 2차 구술 때는 사고 후 팽목에서의 경험에 대해 듣겠습니다.

혜원 아빠   팽목하고 진도의 경험은, 이건 뭐 하루 종일 해야 될거예요. 하루 종일 갖고 택도 없을걸요. 왜냐면 당일부터, 사고 당일 아침에 전화해 가지고, 문자받고 학교에 전화했을 때까지 "이상

61
·
1회차

없습니다. 애들 다 구조되었습니다"[라는] 얘기 들은 것부터 해서, 진도 가서 경험했던 것까지 합치면은 뭐(한숨). 거기 갔다 온 이후에 난, 그 대통령도 만나고 왔잖아요, 그때. 이럴 줄 알았으면 그때 가서 죽여버렸을 거야, 내가 진짜…. 아마 나뿐만 아니라 어떤 부모를 만나도 그럴 거야. 이 얘기를 하라면 하루 종일 얘기해도 끝도 안 날 거요, 아마. 그게 그때부터 하나씩 구성하라고 하면, 거기서 시작해서, 거기 있는 동안, 애 찾아, 거기서 있는, 겪었던 거, 애 찾아서 왔던 거, 여기 와서 생활하고 있었던 거. 국회 올라가고, 뭐 KBS 올라[가고], 쫓아 올라가고, 청운동 찾아가고 올라갔던 것부터 해서. 진도 맨 첨에 내려가 가지고, 진도 찾아가고, 우리, 우리 반 지현이 찾을 때까지 진도 왔다 갔다 한 거. 그 이후에 서명받으려고 대한민국 구석구석 돌아다닌 거 생각하면 뭐, 대중없이 이야기해도 몇 시간은 이야기할 것 같애, 아마. 구성을 잘 짜가지고 와서 질문해야 될 거예요.

면담자   네. 아까 역사라고 말씀하셨잖아요. 좀 더 그런 측면에서 증언을 듣는다고 생각하고, 다음 2차 때 그 부분에 대해서 자세히 여쭙겠습니다.

혜원 아빠   질문을 해주니까 편하네. 알아서 이야기하라고 했으면 힘들었을 건데. 질문 얘기해 주니까 그 요지만 얘기해 주면 되잖아. 편하네, 편해. 근데 2차는 뭐 구성을 잘 짜와야지, 이게 얘기하다 보면, 왜냐면 우리, 제가 어제도 춘천 간 게 우리 반 엄마들,

와이프까지 네 명 데리고 갔었는데, 2주에 한 번씩 광화문 저기, 광화문에서 우리가 하루 종일 일을, 거기 일을 해요. 그 뭐야, 지킴이를 해요. 했는데 거기에 이제 대학생들, 주위 사람들이 이렇게 와요. 오면은 약간 간담회 비슷하게 얘기를 해. [다른 유가족들이] "제발 혜원 아빠 쪼끔만 얘기해, 짧게, 아니 짧게" 난 짧게 얘기한다고 얘기하는데, 옆에 보면은 벌써 뭐, 벌써 "왜?" [하면] "짧게 해, 짧게" [그래요]. 진짜예요, 1시간이 [그렇게 금방 가는지 몰랐어요]. 어제도 춘천서도 얘기를 엄청 듣고 싶은데 30분만 얘기를 하는데, 짧게 짧게 자르는데도 50분이 지나니까 안 되겠더라고요. 그래서 "아유, 그만합시다" 그래서, 왜냐면은 너무 관객들도 있는데 관객들은 재밌다고 계속하자는데, 엄마들은 옆에[서], 50분 동안 듣고 있는 거잖아요. 1시간 동안 가만히 있어, 말 한마디 못하고 있는 게 얼마나 곤욕이겠어요. 곤욕이에요. 말하는 사람이야 계속 말하는데 가만히 있는 사람은 곤욕이거든. 제발 짧게 좀 하라고.

촬영자   어제는 어느 어느 어머님이랑 가셨어요?

혜원 아빠   어제는 집사람하고, 우리 반 수경이 엄마, 지민이 엄마, 지현이 엄마. 고분들이 맨날 광화문도 같이 다니는. 나 따라다니느라 고생한다니까요.

면담자   그럼, 다음번에 그 이야기를 듣도록 하고요. 오늘은 이것으로 마치겠습니다. 감사합니다.

2회차

2016년 2월 19일

1
시작 인사말

면담자   본 구술증언은 4·16 사건에 대한 참여자들의 경험과 기억을 기록으로 남김으로써 이후 진상 규명 및 역사 기술에 기여하고자 합니다. 지금부터 유영민 씨의 증언을 시작하겠습니다. 오늘은 2016년 2월 19일이며, 장소는 안산시 다문화 가족지원센터입니다. 면담자는 이예성이며, 촬영자는 김솔입니다.

면담자   네, 지난번에 간단히 소개해 드린 대로, 오늘은 2014년 4월 16일 당일, 진도에서의 경험을 들어보려고 합니다. 그래서 지난번보다 쪼금 감정적으로도 힘드실 수 있을 것 같은데, 언제든지 뭐 불편하시거나 하시면 말씀해 주시고, 또 잠깐 멈췄다 하셔도 됩니다.

2
참사 직후 초기 상황

면담자   우선 맨 처음에 그 사건 소식을 들으셨을 때부터 진도에 내려가시기까지 상황과 경험을 좀 말씀해 주시면 좋을 것 같습니다.

혜원 아빠   그때 제가 밤에 일하고 와서 인자[이제] 새벽에 한 3

시쯤 들어와서 자요, 대리운전 하고 가면은. 근데 아침에 자다가 눈을 떠가지고 TV를 켰는데 소식이 나오더라고. 첨엔 인제 뭐 여객선이, 여객선이 뭐 침몰한다고 해서 우리 애들 얘긴 생각도 않고 있었지. '아이고 큰났다' 이랬는데, 갑자기 단원고 얘기가 나오고 인제 가슴이 철렁하고 그랬는데, 쫌 지나니까 뭐 전원 구조라는 말 나오니까 이제 막 안심하고 와이프하고 학교 전화했더니 다 구할 거라고 [하더라고요]. 처음에는 행정실 전화했더니 위로, 처음엔 안심을 시켜주더라고. 그래서 학교를 갔더니 난리가 난 거지. 학교가 난리가 나니까 인제 바로 거기서 수소문해 가지고 가족들 버스를 마련을 해가지고 진도를 내려간 거지. 내려가자마자 나는 인제 가족 생존자 명단에 우리 애 이름 찾아보고, 애를 찾는데 우리 애가 없더라고. 그렇게 한 거지. 일단은 사후 대처나 이런 거에 대해서는 뭐 어떻게 저거 할 수 없지만 워낙 경황이 없었어요, 진도까지 내려갈 때까지는. 물론 그 이후에도 경황은 없었지만 내 정신으로 간 것도 아니고, 떨려서, 내가 내 차를 끌고 가고 싶은데 떨려서 운전을 못할 정도니까. 그래서 조금 막 버스 타고 부랴부랴 달려갔었고.

면담자   아버님 행정실에 전화하셨다고 하셨는데, 그 전에 혜원이한테 전화를 해보시든가 그러지는 않으셨나요?

혜원 아빠   어, 전화가 안 되더라구요. 우리 딸 전화[가] 안 돼 가지고. 근데 나중에 전화가 왔는데, 애 엄마한테 왔어. 왔는데, 지가

지 핸드폰이 안 되니까, 바닷가니까 LG폰이 안 돼요. 지 친구 거 예은이, 예은이 폰으로 했더라고. 지 엄마랑 잠깐 통화하고, 해경 오니까 걱정 말라고 문자도 하고, 오히려 애가 그 상태에서 안심하는데 마지막에 문자를 보냈어, 애 엄마한테. 그게 지울 수도 없는 문자지만, 난 그 문자만 생각하면 눈물 나 가지고. "엄마, 아빠 사랑하고, 쌍둥이 동생 사랑한다"고까지만 해서 보냈더라고. 그게 '나 죽을 거 같애'라고 생각하면서 그 얘기를 보냈[는 거 같은]데, 마지막 유언인 거지. "엄마, 아빠 사랑하고, 지 동생들 사랑한다"고. 근데 한편으론 또 지 바로 밑에 동생도 있는데, 걔는 뺐을 거 아니야. 나중에 봤더니 가[바로 아래 여동생]한테는 따로 문자를 했더라고. 맨날 지랑 이불 덮고 자는 동생이니까. 그래도 그때 동생이 가가 돌아오는 날 그 중학교 임원 수련회를 가기로 돼 있었거든. "언니가 니 옷 다 가져가서 미안하다"면서 문자를 했더라고.

그게 이제 마지막 문잔데, 통화를 못 한 게 억울하지. 통화를 했으면 뭐 내가 갑판으로 나오라고 했을지 안 했을지 모르겠지만, 목소리라도 한 번 듣고 싶었을 건데, 애 엄마만 통화를 하고. 해경 구조하러 왔다고, 와서 바로 구조될 거라고 하니까 그냥 그거 믿었고, 정말 그때까지는 다 구해질 줄 알았지, 그 큰 배가 그렇게 가라앉을 줄 알았나. 그게 우리 딸이 마지막 보낸 문자고 전화였었지. 지금 그게 유언이 돼버렸네. 처음엔 그거 그렇게 크게 개의치 않았지. 나중에 내려가 가지고 그게 마지막 문자란 거 아니까……

면담자   경황없이 내려가셨다고 하셨는데, 학교로 모이신 부모님들이 바로 같이 버스 타고 가신 건가요?

혜원 아빠   그렇죠.

면담자   버스를 직접 마련해 가지고요?

혜원 아빠   버스는 학교 측에서 마련했는지, 마련했을 거야. 안 산시에서 마련했는지 몰라도. 하여튼 버스는 최대한 빨리 여기저 기 섭외해서 마련했더라고.

면담자   네, 혹시 그 시간이 몇 시쯤이었을까요?

혜원 아빠   11시 반 쯤? 12시 됐나? 12시 안 됐었고, 11신가, 11 시 반? 그렇게 됐을 거예요.

면담자   네. 도착하셨을 땐 이미 오후였겠네요?

혜원 아빠   네 신가? 4시쯤 됐었죠.

면담자   그럼 도착한 첫날 밤의 기억이 상세히 나시나요?

혜원 아빠   일단 나름대로 도착해 가지고는 금방 올라갈 건 아 닌 거 같고 해서, 나는 저 진도체육관 제일 안쪽에다 자리를 잡았 죠. 그때부터는 인제 막 이 소식 저 소식 들어오지. 내려가자마자 자리는 잡고, 식구보고 있으라 그리고, 나는 다시 팽목으로 가서 밤 12시, 10시, 11신가 어쨌든 배를 타고 갔지, 나갔지. 배 있는데 가본다고 갔는데 거기 가봤자 발만 동동 구르고, 소리만 지르고 왔 지, 뭐 할 수 있는 게 아무것도 없으니까.

면담자   식구들 다 같이 내려가셨나요?

혜원 아빠   아니에요. 동생들 놔두고 나하고 식구만. 애들 다음 날 학교 가는 것도 있고 하니까(한숨).

면담자   힘든 얘기지만 진도 도착해서 명단을 확인하셨다는 말씀을 제일 먼저 해주신 것 같아요. 명단 확인하신 거 말고, 진도에 어떤 사람들이 있었는지와 진도의 광경 같은 거를 조금 더 상세히 말씀해 주실 수 있으신가요?

혜원 아빠   진도 도착하니까 진도 진도체육관 앞에, 그 저 게시판에 애들 명단이, 생존자 명단이 있어서 찾아보는데, 우리 애가 없고. 그래서 거기에는 뭐 가족들뿐만 아니라 가족들보다 더 많은 취재진이 나와 있었지, 취재진이. 진짜 가족들보다 더 많은 취재진들이 깔려 있었어요. 진도체육관뿐이 아니라 팽목이고 어디고, 내가 갔을 때는 진짜 가족들보다 더 많은 언론사들이 다 있었어. 다 있으면서, 이게 참 기자들이 냉정한 거야. 그 와중에도 어떻게든 가족들 잡고 인터뷰하고 얘기할라고. 가족들이 제정신인 사람이 어딨어. 애들 찾은 사람들은 그날그날 바로 올라가 가지고, 올라가고, 애 못 찾고 저기한 사람만 거기서 발 동동 구르고 있는데, 그 사람들 잡고 인터뷰한다고 난리 치고. 그러면서 인제 거기서부터 스트레스받는 거지. 그게 상상을 해봐요. 가족보다 훨씬 더 많은 언론, 언론사 기자들뿐만 아니라 거기는 정보과 경찰들도 아마 얘기 듣기론 500명이니 1000명이니 깔렸다고 하더라고요. 뭐 사실인지 아닌지 모르겠지만, 하튼 엄청 많이 깔렸을 거야. 사람이 뭐 일일이 헤아릴 수도 없으니까. 그렇게 있었는데 완전히 뭐, 우리 흔히 하는 표현대로 도떼기시장처럼 그냥 발 디딜 틈도 없었지. 이제 하루 이틀 지나면서 유가족이 누군지 구분이 되고 돌아가는 거지. 첨에는 완전히 난리법석이지. 아마 6·25 전쟁 통, 겪어보진 않았지만 '6·25 전쟁 통이 그 정도 아니었을까' [할] 정도로 엄청나게 난리 났었죠. 표현하기가 좀.

내가 진도에서 생활하면서 느낀 게 지금 질문 요지에는 맞을지 모르겠는데, 내가 말했잖아, 가족들보다 더 많은 기자들이 있었다고, 언론사들이. 근데 5일 동안, 5일 동안[인가], 6일인가 내가 있었나, 하면서 느낀 게, 섬에 있는 거 같아. 진도가 섬은 섬인데 그런 섬이 아니라, 그니까 외부 세계와 단절된 곳에서 갇혀 있는 느낌을 받았어, 진짜로. 나뿐만이 아니라 대부분 그렇더라고. 왜냐면 TV 나온 거에 대해서 첨에는 그런 게 크게 관심이 없었지. 그 하루 이틀 지나면서 보는 건데, 우리 작가님 사고 났을 때 화면에 보이는 게 뭐 있어? (면담자 : 배가 있었죠) 배밖에 없었지. 아무것도 없었죠. 그 밑에 자막으로 뭐 잠수부 몇백 명하고 배가 몇백 대 들어가고, 헬기도 몇백 대 뜨고 막 이런 얘기만 있었죠. 우리도 봐, 그거. 근데 우리가 현장 가보면 몇백 명이라는 잠수부 구경도 못해. 배? 그 해경, 그 해경 전투함이라 그러나 뭐라고 하나, 순시함[경비정]이라나 그거 왔다 갔다 해. 손바닥만 한 보트 막 돌아다니고. 헬기? 한 대도 안 보여. 우리는 거기서 의아한 거야. 뭐 잠수사가 몇백 명이라는데 몇백 명은 보이지도 않고 어디 처박혔냐.

그리고 우리를, 분명히 내가 알기로는 그 이후부터 가족들이나 가족의 형제들이고 뭐 친척들이고 온 사람들 잡고서, 인터뷰를 어마어마하게 한 거로 알고 있는데, 그 인터뷰 내용이 한 개도 안 나온 거로 알고 있어, 한 개도. 난 아예 그렇게 알아. 난 우리가 그게 채널이 고정돼서 그런 줄 몰라도 그 인터뷰 내용 한 개도 안 나왔고. 우리가 우리의 소식을 전하기 위해서 거기서 별의별 거 다 해요. MBC, KBS, SBS, 가족들이 완전 취재 거부부터 해버렸어요. 안 나가잖아. 그랬을 때 오죽 답답했으면 우리가 인터넷 방송 □□□□TV 지정을 해가지고. □□□□TV한테 취재만 하라고 했어요. 그래서 □□□□TV에서 취재를 했는데 인터넷 방송 나가고 1시간 만에 나도 들은 얘긴데, 1시간 만에, □□□□TV 뭐 세무조사 받았단 얘기는 들었는데, 뭐 그게 진짠지 사실인지는 모르겠어요. □□□□TV 안되고 그 다음에 어디드라? 어디 한 군데 진짜 정기방송도 아니고, 인터넷 방송 쪼끄만 거 고발뉴스 같은 거, 그래 한 군데 해가지고 그때부터 터졌는데, 국내 언론에서는 언론 보도된 거 한 개도 없어요, 제대로 그 상황에 대해서.

그냥 그러다가, 손바닥으로 하늘 절대 못 가리는 법이거든. 내가 알기로는 NHK에서 우리 애 중에 하나 마지막에 구조하는 장면 하나 찍은 게 역으로 밖에서 들어오는 바람에, 우리는 그때 알았어요. 진짜 언론통제라는 게, 아니 가족들이 외치는 요구 사항이 단 한 개도 이루어지지도 않고, 안 되는 거야. 오죽했으면 우리 가족들끼리는 진도대첩이라 그래요. 진도대교까지 걸어간 거, 아세요, 그날? 3일째 되는 날인가? 미쳐버리는 가족들[을] 경찰 애들이 동그랗게 에워싸 가지고 움직이지도 못하게 막으면서, 어느 어느 부모가 거기 제정신이었겠어요. 자기 새끼가, 자식 새끼 잃은 부모 중에 제정신인 새끼가 누가 있겠냐고.

그런 사람더러 진정하라면서 뭐 하나 해달라는 것도 안 해주고. 애들 구조해 오라는데, 구조해 오라는 거 한 개도 안 하고 대통령이라는 거 와가지고 쇼나 하고, 지랄하고 지나가고. 우리가 대통령이 오고 난 다음에 그랬어. "해수부 장관이나 해경청장 같은 사람들 일 안 하면 어떻게 하냐?" 했더니 "그럼 짤라야죠. 이 사람들 일하라고 있는 사람인데" 그렇게 [대통령이] 얘기했어. 개뿔, 무슨 일을 해, 일을 하기는, 응? 실제로 잠수사들이 애들 구할라고 들어가면 잠수통을 두 개를 갖구 들어가야 돼. 왜냐면 자기가 숨 쉬는 거 하나하고, 애를 구할래면 살아 있는 [애도 숨 쉬면서] 올라와야 되니까, 가도 산소통이 있어야 되잖아. 잠수하러 가는데 산소통 두 개 있는 새끼 하나도 못 봤어. 그게 무슨 구조야. 물속에서 놀다 오는 거지.

그래서 3일 지나고 나니까 애들 다 죽고 나니까 그때부터 한 명씩 끌어 올리는 건데, 우리들이 느꼈을 때는 전반적으로 애들을 구할 수 있는 골든타임부터 시작해서 뭐 체계적으로 단 하나도 준비된 게 안 된 나라였었고, 지금도 마찬가지지만, 미국에서 지원해 준다는 것도 거부한 거로 알고 있고, 일본에서 지원해 준다는 것도 거부한 거로 알고 있어요. 왜 거부했는지, 무슨 목적으로 거부했는지도 궁금하고. 안 밝혀줬잖아, 응? 그 상황이야. 자기 나라 국민 300명이 물에 수장이 됐어. 어느 나라 대통령이 시발 처박혀 가지고 7시간 만에 나타나서 한마디 지껄이는 경우가 어딨어? 사고 터지고 10분 만에 빨리 대책을 강구해 가지고 비상명령을 내려야지. 그게 당연한 거 아니야? 난, 나는 알지, 예전에 그거 들은 거 있지. 예전에 노무현 대통령 시절에 김선일[2004년 이라크 무장단체에 납치되어 피살됨] 씬가가 누구 저 참수당했어. 그때 야당이었지. 그때 야당이 지금 대통령이 뭐라 그랬냐면, 국민을 한 사람도 지키지 못한 사람이 무슨 대통령이냐 그랬어. 근데 그 사람은 외국에서 죽었잖아. 우리나라 국민이 우리나라 영해에서 죽었어. 먼 땅에서 죽은 것도 아니야. 내가 지키는 내 나라에서 내 국민 300명 수장됐어, 그것도 어린애들이. 그럼 당연히 소식 듣자마자 바로 강구대책 나오고 긴급명령이 떨어져야지. 난 이해가 안 가, 지금도 그거는. 지네들 보고사항으로는 지금 뭐 전화로 다 지시 내리고 했다는데 그걸 누가 믿어, 솔직히 말해서. 그게 믿어질 일이냐고.

　나는 대통령이 되지도 않아야 할 인물이 돼가지고 나라 말아먹은 것 같고. 7시간 뭐했는지 난 궁금하지도 않아, 솔직히 말해서. 자기 업무를 위반, 업무를 기만하고 안 했다는 게 더 열받는 거지. 그 사람이 사고 터진 날 바로 빨리 최선을 다해서 "어떤 대책 강구하고 구조해라"[고] 바로 이런 성명 냈어도 우리가 왜 지한테 의심하고, 국민들이 지를 의심하냐고, 응? 그리고 그 이후의 행태에 대해서는 더 말할 것도 없고. 나는 우리 가족들을 아주 상당히 매도하는 집단의 최고 수준이, 난 대통령이라고 봐. 대통령이 그 이후 가족들한테 한마디 어떤 조치조차도 안 했어. 나는 저거 퇴임하고 나서도 끝까지 쫓아가서 모가지 비틀어서도 다 알아내야 할 문제고, 저건 꼭 법정에 세워야 돼. 이 일[구술]이 자꾸 산으로 가네.

3
진도에서의 경험 및 대책 마련 과정

면담자   아니에요. 지금까지 좀 길게 얘기가 됐는데, 제가 차근차근 다시 좀 여쭤볼게요. 아버님께서 이것이 질문의 요지가 맞는지 모르겠다고 하셨던 거도 제가 사실 궁금했던 부분이거든요. 그래서 조금씩 차분히 다시 한번 몇 가지 여쭤보고 싶은 게, 하나는 하루 이틀이 지나면서 가족들이 누군지도 알아볼 수 있었다고 하셨잖아요. 6·25에 비유하실 정도로 경황이 없었다고 하셨는데, 누가 언론이고, 누가 가족인지, 사람들을 구분하게 된 상황에 대해서 좀 더 설명해 주시겠어요? 그리고 언론이 대부분이었던 압도적인 상황에 대해서도요.

혜원 아빠   가족이 누구가 누군지도 모르는 상황에[서] 내려갔을 때는 이 사람이 가족인지 아닌지 모르겠지만, 일단은 카메라나 마이크 그렇게 해서 [가지고 다니고 해서], 모든 사람들이. 그라고 얼굴을 보면 알 수 있잖아요, 아무래도 가족들 얼굴은 더 흙빛이고. 그 와중에서 남 볼 그거는 없었어, 솔직히 말해서. 그런데 우린 부모잖아요. 빨리 체계가 잡히는 거지, 누군가 나서면서. 진도체육관하고 팽목하고 두 개가 나눠지면서 진도체육관은 그나마 건물이 있는 상태기 때문에, 이런 빨리빨리 지원이 돼서 어느 정도 추위는 피했지만, 팽목은 첫날은 잘 데가 없어 가지고, 진짜 담요 뒤집어 쓰고 덜덜덜 떨면서 밤샜어요. 비는 오지, 그 얇은 천막 하나 긴급 [하게] 쳐놔 가지고, 우리 [말할라]치면 몽고 텐트 식으로, 이런 거 있어 가지고, 부랴부랴 만들어가지고 그렇게 해놨지. 그때는 물론 뭐 텐트 안에 있으면 그게 다 가족이었지. 왜냐면 뭐 언론인들은 거기 안에 들어올 엄두는 못 냈으니까, 아무리 언론이래도. 근데 이제 팽목하고 진도하고서, 진도하고 서로 연결되면서 진도체육관 위에다가 이제 각 반별로 부모님을 찾는 거지, 이제. 1반, 2반, 3반 이런 식으로. 그러면서, 모이면서, 이제 누구 부모, 누구 엄마, 누구 아빠를 알게 되는 거고. 옆에 있는 사람이 나하고 같은 반 애 엄만지 아닌지도 몰랐으니까, 같은 반 애 엄마였는데도 불구하고 몰랐으니까. 그러면서 인자[이제] 한 명, 두 명 얼굴 찾고 알게 되는 거지. 그러면서 한 그게 2, 3일 지나니까 대충 알겠더라구. 우리 반 학부형들이 누군지. 그 거기 이제 이름표 만들어 [걸고] 다녔어요. 3일째는 이름표 만들어가지고, 몇 반 누구 엄마, 누구 아빠라고 차고 다녔으니까.

면담자   네. 그런 이름표 다는 거랑, 이제 뭐 하루 이틀 첫째

날, 둘째 날쯤에 반별로 이제 체육관에 모이신 거랑, 그런 거는 누가 다 준비를 하신 거죠? 부모님들이 직접 하신 건가요?

혜원 아빠　　이제 가족들 자체에서 만들어내는 거죠. 인자는[이제는] 일시적으로 쪼끔 정신 저기 차릴 수 있는 사람이 와서, 나서 가지고 지휘를 하는 거지. 이런 식으로 이렇게 해가지고 가서. 그때는 그렇게 따를 수밖에 없었고. 물론 뭐 그거 만드는 거는, 공무원들하고 파견 나와 있어서, 안산시청이나 진도군청 아니면 각 부처 사람들 나와서 기다리고 지원하면서 만들어달라면, 그런 건 뭐 금방 만들어줬으니까. 근데 가족들끼리 그걸 만들어서 그렇게 하면서 에스앤에스(SNS), 밴드(BAND) 해서 이제 가족들끼리 공유하면서 이렇게 한 거죠. 공유하면서 누구 찾아왔다, 올라왔다 하면서, 가고 안 가고 그게 그렇게 된 거죠.

면담자　　안산시나 진도군청 공무원들이나 자원봉사자들 그런 사람들은 언제쯤 눈에 들어오기 시작했나요?

혜원 아빠　　한 3일쯤 되니까 눈에 들어오더라구요. 왜냐면 내려가고부터 이틀 동안은 아무것도 안 먹고, 못 먹고 혼자 멍하니 그냥… 그런데 집에 식구들이 인제 걱정하지, 안 먹고 그러니까. 그런데 내가 처음 먹은 게 죽이야, 죽. 근데 자원봉사 하신 그 절에서, 어떤 절에서 만들어 온 건데, 보살님인지 와가지고 "아버님, 쪼끔이라도 먹어서[먹어야] 애를 만나야죠" 이렇게 하는데 다른 건 못 먹겠는데 그 죽은 넘어가는데, 사람 참 웃긴 게 뭐냐면 죽이 들어가니까 배고픔을[배고픔이] 느껴지더라구요.

면담자   드시고 나니까 그때 배고픔이 느껴지셨다는 말씀이세요?

혜원 아빠   어, 죽이 들어가니까 배고픈 게, 허기가 돌아오는 거야. 그 전에는 배고픈 것도 몰랐어요. 한 3일 동안 허기진 거 생각도 안 하고, 그냥 생각, 애 생각만 하니까. 근데 그, 실제 그렇죠. 그때 그분이 오서가지고, 죽 주면서 손 꼭 잡으면서 "아버님, 이거라도 드시고 나서 힘을 내라"고. 그 따뜻한 게 딱 들어가는데 허기가 지더라구, 인간이 간사한 건지. 현실적으로 지금도 내가 항상 어디 가도 얘기하고 다니는데, 나라는 썩었어. 진짜 썩었어. 근데 우리나라 국민들은 안 그래요. 진짜 진도체육관 딱 있는데, 그 외부인 출입을 딱 막았어요. 거기는 기자들은 그 위에 체육관 위에 관중석 있는데 2층만 오게 하고, 일단 밑에는, 가족들 쪽에는 일체 못 오게 하고. 근데 그 와가지고 먼지 날까 봐 바닥을 30분 간격으로 닦는 분들이 있었어. 저 관중석 다 닦고 밑에 바닥 다 닦는 분들이 있었어. 마스크 딱 쓰고 그분들은 아무 말도 안 하[고], 묻지도 않고 얘기도 안 하고, 조용히 묵묵하게 청소만 해주고 싹 가시는 분들. 내가 알기론 그분들이 그 천안함 가족들인 걸로 알고 있거든? 그거 보면은 대구참사 가족들도 와서 조용히 봉사해 주고. 아픔을 아니까 말을 안 하는 거야.

내가 여담으로, 사고 나고 친구들한테 문자를 무지하게 받고 전화를 받는데, 전화를 받을 그게 구분 짓자면, 전화한 새끼는 제일 정신없는 놈이고, 그중에서 전화해 가지고 한참 떠드는 놈은 더 정신없는 놈이고, 문자에다가 구구절절 얘기한 놈은 그나마 그래도 좀 낫고, 내가 받은 문자 중에 제일 내 마음을 제일 잘 알아준 놈이 누구였냐면, 그렇게 진짜 친한 놈도 아냐. 그냥 친군데 문자에 쩜 세 개만 찍어 보냈어, 쩜쩜쩜. 그게 생각을 해보면 그 개중[와중]에 전화받고도 지네들하고 떠들 시간이 어딨고, 문자 읽어볼 시간이 어딨어. 근데 그 친구는 딱 쩜 세 개만 찍어 보냈더라고. 그게 젤 기억에 남는 게, 그게 우리 맘이거든. 아픈 사람한테 구구절절 얘기해 봤자 소용없는 거고, 떠들어봤자 답답한 거고, 전화해 봤자 안 받을 텐데, 제일 친한 놈 전화했더니 별 소릴 다 하더라고. 짜증 나서 전화 끊었다니깐?

면담자   아버님이 전화하셨어요?

혜원 아빠   아니지. 전화가 왔었지. 그렇게 되더라구. 그 당시도 그렇고, 우리 가족들 곁에는 실질적으로 국민들밖에 없었어. 같이 아파해 주고 같이 슬퍼해 주고 한 사람은 국민이고. 아시잖아요? 정치깨나 한다는 새끼들 와가지고 쇼하고, 지랄만 떨고 갔지, 뭐 하나 도움된 거 없어요. 그 이후의 상황도 뭐, 앞으로 계속 얘기해 보면서 하겠지만, 그러고 나서, 나 우리 애 찾을 때도, 나 지금도 그때 그게 계속 걸리고 미안하고 안타깝고. 뭐 내 잘못이 젤 크지만 하루 진도체육관에 있다가 너무 답답해서 '왜 이렇게 안 올라오나',

혜원 아빠 유영민

'우리 애가 안 올라오나' 하다 내가 팽목을 딱 갔어요. 가서 우리 반 지윤이 아빠하고, 우리 반 지윤이도 되게 늦게 올라왔거든, 둘이 앉아 가지고 바다 보면서 [있는데] 전화가 딱 오더라고, 빨리 오라면서. 갔더니 우리 애가 목포에 있대, 병원에. 그래서 부랴부랴 차 대절해서 갔지. 그래서 애 확인했어. 확인했는데 우리 애가 이틀 전에 올라왔어. 엄마, 아빠 보고 싶어서 이틀 전에 올라왔는데⋯ 팽목에서, 팽목으로 오니까. 근데 진도체육관에는 인상착의만 붙어, 막 종이에 써서 붙여서, 몇 번째 올라왔나 번호 붙여서, 무슨 옷, 무슨 옷 입었나 적어가지고. 애 엄마랑 나랑 우리 애가 아닌 줄 알았어. 그래서 설마설마했는데, 아닌 줄 알고 그랬는데 걔가 우리 애였더라고.

나 목포 가가지고 열이 받은 거지. 거기 체육관 해수부 애들, 시발새끼들 죽여버린다고 다들. 우리 형님이, "지금 가면 뭐 하냐"고 빨리 장례부터 치르자고. 인상착의 해놓은 거하고 우리 애하고 하나도 안 맞는 거야. 그니까 애는 엄마 아빠 보고 싶어 가지고 이틀 전에 올라왔는데, 유전자 검사로 애를 찾아낸 거지. 그니까 나는 그것도 미안해 죽겠는 거야. 애를 빨리 찾아 올라와 가지고서 그렇게 했어야 하는데, 그 추운 데 애를 또 이틀간 놔뒀잖아, 냉장고에서. 눈에 뵈는 거 없고, 막 다 죽여버릴라고 막 "시발놈들" [하고 있는데, 형님이] "지금 [진도체육관에 항의하러] 가면 뭐 하냐, 가가지고 뭐 할래? 차라리 빨리 올라가서 장례 치르는 게 낫지" 해가지고 올라갔어요. 내 맘 같아서는 진짜 아작 내고 싶었어, 싹 그냥(한숨).

그때 생각하면 지금도 미안해, 우리 애한테. 이틀이나, 엄마 아빠가 이틀이나 못 찾았잖아(한숨)(침묵).

4
아이를 만나고, 장례를 치르기까지

혜원 아빠   질문하세요.

면담자   네. 그 인상착의를 글로 써놨었나요?

혜원 아빠   네, 사진을 찍어서 붙일 순 없죠. 근데 피어싱 뭐 이런 거, 우리 애는 피어싱하는 애 아닌데, 그냥 귀걸이였는데 귀에 구멍 뚫은 거, 그게 두 갠가 세 개 있으니까, 그걸 "피어싱했다" 그러고, 입고 올라왔다고 한 그 옷도 우리 애가 입었던 옷이 아닌데.

면담자   옷이랑 키, 이런 내용이 주로 써 있었던 건가요?

혜원 아빠   어. 키 얼마, 옷 뭐 입고 뭐 입고 그런 거. 근데 우리 애가 얼굴 밑에 점이 두 개 있었는데, 점 두 개만 우리 혜원인가 하는데, 근데 우리 애 피어싱 안 하는데. 사실 그니까 내가 팽목에서 그거 확인했어야 하는데 확인 못 한 거지. 우리 반, 지 친구들 다 올라올 때 같이 올라온 건데(한숨).

면담자   병원에 가신 게 몇 일이죠?

혜원 아빠   20일 날, 21일 날 갔나? 21일 날 갔나 보다. 아니다.

기억도 안 나네. 21일 날 올라왔나, 우리 혜원이가? 그래서 이틀 뒤에 23일 날 갔나?

면담자　　혜원이 반 친구들이 그날 많이 다 같이 올라왔던 거죠?

혜원 아빠　　네. 거의 다 같이 올라온 건데, 올라온 지 이틀 뒤에 찾은 거지.

면담자　　네, 미처 확인하지 못하시고요.

혜원 아빠　　미처 못 한 게 아니라, 내가 잘못한 거지. 그거[아이]를 그 찬 데다가 이틀 동안 났다는 게 내가 걸리는 거지, 지금도 걸리고, 미안하고.

면담자　　목포에서 그날 혜원이를 확인하시고 바로 안산으로 올라오셨나요?

혜원 아빠　　네. 안산으로 바로 올라왔어요. 올라와 가지고 집 근처에서 병원에다가 영안 장례 치르고. 어쨌든 간에, 뭐 이래저래 사고 터지면서 엄청난 분들이 고생을 많이 했고, 도움도 많이 줬어요. 금전적인 거부터 해가지고 인력적으로 할 수 있는 것들 다. [우리 부부가] 없는 동안, 우리 애들 다 찾아가서 집에 애들 다 챙겨주고, 위로하는 문자 편지도 많이 받고, 이것저것 많이 받았어요, 도움을. 거기에 대해서는 뭐를 거부할 수 없는 거고, 그거는 실제인 거니까… 실제 이 나라 국민들이 얼마나 따뜻하고 이런 건 알겠는데, 나라는 진짜 썩었어.

면담자   혜원이 동생들 챙겨주고 그런 건 누가 하셨던 거예요?

혜원 아빠   그거는 이제 안산시에서, 딱 해가지고서 각 가정마다 이제 그 직원들을 붙이든 뭘 붙이든 간에 담당을 붙였어요. 붙여가지고 애로사항이나 이런 거 있으면 그분이 연락해서 필요한 거 있으면 다 지원해 줬어요. 하다못해 엄마들이 밥하는 걸 잊어버릴 정도로 제정신이 아닌 채로 돌아다녔는데, 도시락도 받아보고. 하여튼 음양으로 많이 받았어요. 그런 부분에 대해선 고맙죠. 누구 말마따나 그런 거 100개 해봤자, 자식 잃은 슬픔에 비하면 아무것도 아니라고 하지만, 어쨌든 간에 도움을 받은 건 사실이었고.

근데 이제 슬슬 생각하면 또 열받는 게, 나라는 이렇게 꼬라지가 썩어가지고 이게 어마어마한 참사잖아요. 누구 말마따나 6·25 직후, 6·25 다음가는 참사라고 얘기를 하는데. 원래 이게 정치권으로 이슈화될 필요가 없을 문제야. 나는 그렇게 생각해. 근데 이상하게 사고 터지고 여당 그 국정으로[국정을] 책임지는 여당 새끼들은 코빼기도 안보이고 야당 애들만 오더라고. 그리고 어느 순간부터 우리 가족들하고 여야가 이렇게 나눠져. 따지면 이게 원래 집권 여당이 먼저 나와 가지고서 그래야[해결해야] 되는 거 아니에요? 지네가 먼저 나서서 원인 규명해야 한다든지 그래야 되는 거 아냐? 뭐 찔리는 게 있는지.

그때부터 여론이 무섭다고 느낀 게 뭐냐면, 어느 순간 모든 책임이 유병언이 앞으로 가 있는 거야. 우리 가족들이 찾아낸 증거나 이런 거 다 보면, 물론 소유주가 유병언으로 돼 있지만, 우리는 그

명목상, 흔히 말하면 명목상 유병언이 거지, 실소유주는 따로 있다고 보거든? 근데 정치권에서 가족들의 요구 사항이나 궁금증이나 한 개도 풀린 게 없잖아. 저번에 우리 한참 막 국회 가서 싸우고 그럴 때 누가 그러더라고. "왜 가족들은 야당만 따라다니고 여당 국회의원들하곤 상대를 안 하냐". 우리가 상대 안 하는 게 아니라 그 사람들이 우리를 외면하는 게 맞지. 우리도 힘 있는 여당에서 나서주면 좋지. 근데 모든 꼬라지가 여당은 대통령 치맛바람만 쫓아다니면서 쫄쫄쫄 쫓아다니는 강아지, 강아지마냥 고렇게 따라다니잖아. 대통령 같지도 않은 게, 대통령이라고 한마디 지껄이면, 응? 침이나 질질 흘리면서, 쫓아다니면서, 앉아가지고 뭐 주워 먹는 한심한 놈들. 그런 새끼들한테 뭘 바래, 응?

감추더라고. 그 가족들에 대해서 그때부터 인젠 막 이런저런. '얼마 요구했다더라?' 이런 [말] 나온 게 그게 다 여당에서 국회의원들이 찌라시 내는 거. 세상천지에 나 그런 이상한 나라 처음 봤다니까. 어떤 제3자가 내는 게 아니라 여당이 국회의원, 국회의장이란 새끼, 여당 대표라는 새끼가 내는 거 아니야. 까놓더라고, 그 이완구가. 이게 무슨 세상천지에 말 같지 않은 소리야, 응? 가족, 그러니까 어느 순간 가족들이, 정치권으로 투사가 돼버리더라구. 그니까[청취 불능] 바뀌는 것도 힘들어 죽겠는데, 대한민국에[을] 실질적으로 운영하는 여당이란 놈들하고도 싸워야 되고.

저번 내가 만났을 때 얘기해 줬는가 모르겠는데, 우리 가족들이 한 네 달 동안 국회를 점령하고 국회에서 처마 밑에서 먹고 산

적이 있는데, 어떻게 된 국회라는 데가 지네 일터잖아. 근데 국회 의원 하는 새끼들이 지네 집 정문을 못 드나들어. 지들이 떳떳하면 왜 못 지나가냐고. 우리가 뭐 지네[를] 죽여? 뭐를 해? 다 지하로 쥐 새끼마냥 두더지 새끼마냥 지하로 기어들어 가가지고 지하로 나와. 가족들 거기 진치고 있다고 여당 국회의원들은 다 지나가는 새끼 하나도 없어, 제대로. 오히려 야당하고 그 야당 국회의원들만 왔다 갔다 하면서 얘기했지, 여당 국회의원 중에 한 새끼도 거기 떳떳하게 지가 모가지 들고 다니는 새끼[가] 없더라고. 이게 무슨 국정 운영하는 새끼들이고 국민들 소리를 듣는다는 새끼들이라고 지껄이냐고. 아니 지네들이, 지네 일터 앞마당도 지네들 맘대로 못 돌아다니는 새끼들이. 내가 이런 병신 같은 새끼들 처음 봤다니까. 이게 대한민국의 현실이더라구.

5
진도에서 국가의 대응 방식

면담자   아버님, 진도에서 정치인들이랑 박근혜 대통령 왔을 때도 직접 보셨나요?

혜원 아빠   봤어. 대통령 왔을 땐 봤죠. 체육관으로 왔잖아. 팽목도 갔었지만 체육관으로 왔었잖아. 근데 뭐 가족들하고는 뭐, 들어오면서부터 경호원 애들이 쫙 깔려 가지고 가족들하고 다 폼 잡아 놓고 가족 한 명하고만 얘기하고 그랬었는데. 그래도 우리가 여자 대통령 뽑은 이유가, 국민들 좀 엄마의 마음으로 따뜻하게 안아달라고, 품어달라고, 이런 마음으로 뽑은 것도 많을 건데, 이거는 얼음얼음, 얼음마녀보다 더해.

면담자   그때 직접 봤던 것 기억나세요? 멀리서든, 어떤 식으로 보셨는지….

혜원 아빠   기억은 나죠, 근데.

면담자   그때 생각이 어떠셨어요?

혜원 아빠   그때만 해도, 그때만 해도 그냥 '아, 대통령이 왔으니까 뭔가 빨리 일이 진행되겠지' 그 생각을 했어, 진짜. '구조작업을 하든, 애들을 찾든, 빨리 되겠지', '와서 대통령도 가족들 위로해 주면서 이렇게 일 지시했으니까 최대한 빨리 찾을 것 같다' 하고. [그런데] 끝, 왔다 간 그걸로 끝이야.

면담자   그러니까 대통령이 늦게나마 온 것을 그때 당시에만 해도 좋게, 도움이 될 거라고 보셨던 거예요?

혜원 아빠   그때 당시에, 그때 당시엔 [그랬죠]. 그리고 우리 애 찾고 장례 치르고 나서, 이게 진도, 안산에서 안산 가족대책위가 생겼을 때, [대통령이] 그 가족들 초청한 적 있어, 한 번, 청와대로. 나 그때도 갔다 왔어요. 그때 갔을 때도 대통령 직책으로 "가족들 원하는 거, 가족들 요구하는 거 다 해준다"고 했고, 자기 입으로

"특별법 만들어서 다 해준다" 그랬어.

면담자   그게 5월 16일인 것 같은데요.

혜원 아빠   그렇죠? 암튼 자기 입으로 다 해준다고 했었어, 1시간 넘게 갔었다고, 얘기하면서. 근데 그걸로 끝이야.

면담자   그때도 믿음이 있으셨어요?

혜원 아빠   그때까진 믿었죠. 그때까지는, 그때까지만. 근데 그 이후부터는 아무런 그게 없는 거지, 이제. 아무런 그게 없는 거지. 그니까 '우리가 이용당했구나' [하고 알게 된 거지].

면담자   혹시 그런 배신감을 어느 기점으로 받으셨는지 기억나세요?

혜원 아빠   어느 기점은, 제일 중요한 기점이, 그, 우리 만나고 나서 얼마 안 있다가 대국민 연설한 게 있어요. 우리는 [그 연설을] '악마의 눈물', '악어의 눈물'이라고 [불러]. 그 발표하고부터 바로 이제 여당 애들이 엄청나게 가족을 압박을 해오지. 그게, 바로 그때 당시 이제 사람들이 6·4지방선거로 연결되고, 7·3재보선 선거로 연결되면서, 야당이 패하면서 여당에서 노골적으로 대놓고선 가족을 인제 핍박을 하는 거지. 특별법 무산시키고, 안 된다고 하면서. 그때부터 우리나라가 진보, 보수[로] 나눠지지, 또. 그때 대국민 사과 딱 하고 나서부터 바로 느껴졌어요, '이거는 우리를 이용한 거구나. 가족들 이용한 거구나. 이용할 사람들이 없어서 이런 사람들,

아픈 사람들을 이용하는구나. 이 정치라는 게 이래서 무섭구나'라는 걸 알았지.

면담자   아버님, 진도에서부터 지금 말씀하시는 것처럼 '정부, 나라는 썩었다' 이런 느낌을 받으셨다고 하셨잖아요? (혜원 아빠 : 받았죠) 그때는 어떤 걸 통해서 그런 느낌을 받으신 거예요?

혜원 아빠   구조활동을 하나도 안 했다니까. 뭐야, 에어탱크[에어포켓]라 그래 가지고, 아래 공간이 있는데, 거기에 저… 그것도 거짓말이었고, 에어탱크[에어포켓]에 뭐 산소 주입한다는 것도 거짓말이었고. 산소 주입, 개뿔이 산소주입이야? 공업용 가스 갖다 놓고, 뭐 작업한다는 새끼 하나도 없고. 구조활동 자체가 전혀 없었어요.

면담자   그런 구조 활동이 전혀 없는 거를 보시면서 썩었다고 느끼신 거예요?

혜원 아빠   우리는 그걸 얘기했지만 안 먹히는 거지. 방송 하나도 안 나갔잖아. 아예 안 나갔다니까, 방송에. 그리고 거기 해수부 직원들하고 다 왔었어. 해경 애들 오고, 담당 그 포스트[태스크포스 팀: 현장협력지휘팀] 팀이 꾸려지면서, 걔네 회의 때 얼마나 개판인 줄 알아? 해수부 직원이 와서 얘기하는데 밑에 직원이 뭐라고 하니까, 나중에는 지들끼리, 가족들 앞에 두고 지들끼리 "야 이 시발, 내가 너보다 상관인데 말 좀 들어" 이런 말까지 나왔어. 지휘체계가 아예 없어. 여기하고 여기하고, 같은 공무원의 직급일지언정 소속이 틀리잖아. 그니까 야가 명령을 해도 야가 [말을] 안 들었다고 해도 어떻게 방법이 없는 거야. 여기서 말 안 들으니까 나중에 열받으니까 하는 말이 "시발, 너보다 내가 상관이니까 말 좀 들어라" 이런 말도 나왔었어, 가족들 앞에 두고. 그게 회의였고, 그게 포스트[태크포스] 회의 테이블이었어.

처음에 진도 딱 갔을 때, 팽목 앞바다 갔을 때 팽목항 앞에 최고 담당자가 누구였냐면, 최고 책임자가 파출소장이었어, 파출소장. 그 거기 팽목 앞에 파출소장이 와서 앉아 있었어. "야, 너 뭐냐" 이랬더니 파출소장이래. "빨리 배 불러" 이랬더니 자기 권한 밖이래. "책임자 누구냐" 했더니 자기가 책임자래. 파출소장이 책임자라고 앉아 있는 거야. 배를 불러, 불러[달라고], 쫄라, 쫄라 가지고 밤 10시에 명령받고 여기저기에 전화하다 온 게 밤 10신가, 9신가 한 번 1차로 와가지고, 한 번 나갔다 오고, 밤 12시에 내가 2차로 나간거야, 배가. 내가 12시 배 탔고.

면담자   첫 번째 배는 못 타신 거고요?

혜원 아빠   응. 첫 번짼 못 탄 거고, 내가 진도에 있었으니까. 그래서 그러면 이 급박한 상황에 항상 그 매뉴얼, 매뉴얼이란 게 있어 가지고 빨리빨리 테이블, 포스트[태스크포스] 테이블을 만들어야 될 거 아니야. 없어. 그래, 다음 날 아침이 됐어. 가족들은 밤새도록 막 부둣가[에서] 난린데 아무도 없는 거야, 공무원 새끼들이. 아침이 됐더니 9시 넘어서니까 한 새끼씩 보여. 여기는 해수부 천막, 여기는 소방서 천막, 저 뭐 경찰서 천막, (면담자 : 천막이 그때 쳐지

기 시작한 거예요?) 해경 천막 다 있는 거야. 사고 난 지 하루가 지났는데, 사고는 아침 9시에 났는데, 다음 날! 이게 말이 되냐고. 24시간이 뭐야 2시간에 테이블이 완성돼야지, 응? 지들끼리 우왕좌왕. 이 새끼들은 여기 앉아 가지고 지네끼리 얘기하고 뭐 대책 세운 것도 아니야. 지네끼리 앉아서 속닥속닥해.

면담자　　　따로따로 앉아서요?

혜원 아빠　　어. 그래 가지고, "야 너 누구야?" 그랬더니 해수부 무슨 차장이래. "너, 여기 꼼짝 말고 있어", "야, 소방서, 너 따라와, 여기 앉아. 움직이지 마. 움직이면 죽여 버려" [이렇게] 각 담당자들 천막에다가 모아다 놔놓고, "여기가 이 새끼들아, 테이블이야. 알았어?" 그렇게 해서 만들어진 거야, 테이블. 거시기 비상대책반이.

면담자　　　부모님들이 그렇게 만드셨다구요? (혜원 아빠 : 네, 우리가 만들어서) 직접 모아 오신 거예요?

혜원 아빠　　모아가지고, 그래서 만들어진 게 테이블이고, 그때부터 이제 해수부 이제 각 좀 높은 놈들 와 가지고, 테이블 구성이 되는 거고.

면담자　　　그때 그렇게 직접 부르신 부모님들이 혹시 어떤 분이신지 기억이 나세요?

혜원 아빠　　그때 불렀던 사람이 1기 가족대책위 회장했던 김병권이야. 김병권이 그 우리 반 빛나라 아빠데, 첨에 열심히 했어, 그 사람도. 엄청 열심히 했어. 막 [사람들] 끌어모으고 해서, 이렇게 해서 테이블 만들어놓고, "이게 앞으로 비상대책반 테이블이니까, 여기서 해라". 또 거기서 많이 싸웠고, 무지하게 일을 했고.

면담자 네. 아버님도 직접 그런 장면을 보신 거예요?

혜원 아빠 그럼 같이 있었으니까 했지.

면담자 같이 그렇게 계신 부모님들이 몇 분 정도 되었나요?

혜원 아빠 거기 부모들도 막 이렇게 이제 2, 3일, 이틀 됐으니까, 누가 누군지도 모르는 판국에서 누가 나와서 하니까. '아, 이 사람이 부모구나' 아는 거지. 부모님들 거기가 모인 게 아니라 그냥 있는 게 부모들이야, 다. 거기 뭐 기자들이 와서 근접할 수는 없는 거야. 옆에서 안에서 있는 거 "시발놈아, 너 여기 앉아서 테이블", 그래 가지고 저 팽목항 바로 앞에다가 비상대책반 만들어놓은 게 그래서 만들어진 거야.

면담자 나중에 컨테이너가 꽉 찬 그곳 말씀 하시는 거죠?

혜원 아빠 응. 거기하고, 기존 그 있던 건물 거기 안에다가 포스트[태스크포스] 테이블 만든 거지. 그게 이 나라 현실이야. 뭐 사고 났대서 바로 뭐 긴급 [조치]되고… 없어. 바랄 걸 바라야지. 지금도, 지금도 큰 난리가 터져도 아마 그렇게 될 거야. 똑같아.

면담자 그때 그럼 아버님 머릿속에 그게 '뭐의 문제다'라고 했을 때, 딱, 나라 또는 국가, 정부가 떠오르셨어요?

혜원 아빠　　　뭐 이런 개떡 같은 경우가 있냐 이거지. 아무리 우리가 못났어도 나름대로 고등, 우리 말하는 고등교육, 대학까지 다 나온 사람들[인데] 생각이 없겠어? 원래 모든 긴급 비상에 다 매뉴얼이라는 게 있고, 매뉴얼에 따라 모든 게 움직이게 돼 있어. 하다 못해 쪼만한 사건 사고까지도 소방서 가면 매뉴얼 다 있어요. 하다 못해 뭐 어린이 유괴사건도 어떻게 대응하라는 매뉴얼이 있고, 살인사건도 어떻게 하란 매뉴얼이 있는데, 이런 대형 참사에서 애들이 똥오줌을 못 가리는 거야. 해경은 해경대로 지네끼리 움직이고, 해군은 해군대로 움직이고, 해수부는 와서 해수부라고 지네[끼리] 움직이고. 해경을 총괄하는 게 해수분데, 해수부 애들이 해경을 총괄하느냐? 못해. 왜? 소속이 틀리잖아. 그러면 해수부 과장이고, 해경이고, 밑에 그저 계장이야. 명령하면 과장이 계장한테 명령하면 들어야 될 거 아냐? 그래 내가 막 반항을 해. 징계할 수 있는 사유는 없어. 왜? [소속이] 틀리잖아. 말이 안 먹히는 게, 이게 우리나라 공무원의 현실이었었고. 그때 당시로는 몰라, 지네들도 이런 난리 통은 첨 겪고 큰 사고는 처음이라 그런지 똥오줌을 못 가리고, 어떻게 할 줄도 모르고. 지금 생각해도 웃기고 황당한 거야. 참 웃기지. 그거 알지요? 대한민국 해군, 해경에 50프로 이상이 수영 못한다는 거? 대한민국 해경 50프로 이상 수영 못 해요.

면담자　　　왜 그런 거예요?

혜원 아빠　　　어, 난 모르지. 가들 수영 못 하는 걸 뽑았으니까 못

하는 거겠지.

면담자   그건 어떻게 알게 되신 거예요?

혜원 아빠   그건 뉴스에 나왔으니까 내가 알았지. 지금도 아쉬운 소리지만, 배에 탄 새끼 중에, 한두 새끼래도 애들만 갑판으로 나가랬으면 이렇게 큰 참사는 아니었어. 애들 다 그저 구명조끼 입고 있었고, 그 근처에 어선만 50대가 넘었어. 300명이야. 배 한 채에 6명씩만 태워도 300명 다 구조해. 우리가 만난 그 어선 사람들은 이상하다 그랬어. 왜 애들을 갑판에 안 올렸는지 지금도 이상하대, 그 사람들도. 근데 거기 그 당시 사고 근처에 있던 배에 탄 사람들 그 누구도 안 나오잖아, 안 나타나잖아. 우리가 찾아 만나면 얘기해 주는데, 공개적으론 얘기 안 하잖아. 어떤 압력을 받았는지는 몰라도. 가족들끼리, 가족 4·16TV에서 다 만나서 다 인터뷰하고 다했어. 다 있어.

면담자   그때 당시에는 잘 모르셨어요?

혜원 아빠   몰랐지. 나중에.

면담자   나중에 다 아신 거죠?

혜원 아빠   나중에 다 안 거지. 그 당시에는 이것저것 찾을 엄두도 못 냈고.

면담자   그러니까 그때 당시에는 민간 어선이 있었다는 건 알고 계셨나요?

혜원 아빠   원래 사고가 나면 그 어선들은 무선을 다 공유를 해요. 그래 가지고 어느 배가 침몰한다 그러면 사람부터 구해. 그게 배의, 모든 사람들의 철칙이야. 하물며, 세월호 그 배가 침몰할 때도 배 침몰한다 그래 가지고, 다 구조한다고 배가 다 옮겨 갔다고 하더라고. 둘라에이스라고 큰 화물선도, 그 선장이 증언한 게 있어. 왜 아무도 밖을 안 나오냐, 빨리 내보내라 그랬는데, 뭐라 그랬더라? 내가 기억이 안 나는데, 이해할 수 없는, 선장으로서 이해할 수 없는 행동을 많이 했다고 하더라고.

또 배 자체도 이상했었고. 세월호 침몰 원인은, 그 급변침에 대해서는 정부 쪽도 해명을 못 하잖아. 근데 우리 가족들 '파파이스 TV'에서 해가지고, 김지영 작가가, 그 감독이 만들은 건가, 그분이 해놓은 거 보면은, 아마 닻을 내리고 운항했다는 게 가장 정설에 맞고, 그게 딱 맞는 거 같아. 그 침몰 원인도 난 왜 안 밝혀주는지 모르겠어, 정부가. 숨기는 거야. 왜 숨길까? 진실에 근접한 사람들이 숨기는 거야. 진실에 근접한 사람들이 숨기고 감추는 거지. 진실이랑 멀리 떨어져 있으면 궁금해서라도 밝힐라고 하겠지. 나는 그렇게 생각해 '진실에 가장 근접한 사람이 밝히는 거다. 갖고 있다'. 엄청난 궁금증이 많죠. 세월호에 대해서는.

면담자   그때 진도에 계실 당시에는 그런 궁금증은 없으셨죠?

혜원 아빠   몰랐지. 그냥 오로지, 오로지 애를 어떻게 찾아야, 빨리 찾아야지. 애가[를 제발] 찾아달라고 기도하는 마당에, 지금 거기에 대해서 침몰 원인… 그런 건.

면담자   침몰되는 정황 이런 거에 대해서도 구체적으로 생각하지 않으셨던 거죠?

혜원 아빠   그때는 몰랐지. 그때는 [안산으로] 올라와서, 올라오면서 그때부터 하나씩 하나씩 인제 국민이 밝혀주고, 이 나라 국민들이 얼마나 머리가 좋은데. 인터넷에서부터 해가지고 다 찾고 하는 게 다 나와, 하나씩 하나씩. 그때부터 궁금증이 쌓여가고 문제가 제시되고 하는 거지. 근데 그 문제가 제시되다 보니까, 너무나 많은 문제가 제시되다 보니까, 내가 저번에도 얘기했나? 통상적으로 그 관련된 직원이 열 명이면, 1, 20프로는 제정신인 사람들이 있거든. 그러면은 세월호 직원들 중에 단 한 새끼래도 마이크 잡고선 빨리 갑판으로 피신했으면, 한 새끼가 한마디만 했어도 애들은 피했을 거고, 정확히 한 5분 정도면 전원이 다 올라가요, 갑판으로. 한 5분 정도면 그게 그렇게 늦은 시간이 아니야. 더군다나 어린애들이랑 젊은 애들이잖아. 빨리빨리 움직인단 말이야. 그러면은 참사를 최대한 줄였겠지. 단 한 새끼도 그 방송을 안 했잖아. 이거는 누구한테 명령을 받았다는 거로밖에 이해가 안 돼, 난 지금도. 보통 통상적으로 열 명이면, 한 명이나 두 명은 안 된다는 거를 알거든. 그럼 지네들이라도 양심에 따라서 마이크를 잡고서 빨리 피신, 갑판으로 피신하라 그랬을 건데, 그런 말이 없잖아. 이거는 죽일라고 작정을 한 거야. 그렇지 않고서는 이렇게 될 수가 없고.

가족들이 궁금해하는 게 "오렌지맨"이라고 헬기로 젤 먼저 구조된 새끼가 있어. 우리가 오렌지맨 누구냐고 정체 밝히랬더니 죽었다잖아. 죽었대. 죽었다는데 할 말이 없잖아. 우리는 그거 갖고 국정원 직원이라고 믿고 있거든. 죽었대. 그러면 우리가 '세월호에서 발견한 국정원 직원 노트북 작성자 누구냐' [했더니] 그 전날 죽었대. 그[것을] 믿겠냐고. 나는, 우린 안 믿지. 죽었다는데 그게 말이 되냐고. 어떻게 키를 갖고 있는 사람들은 찾으면 다 죽었대.

면담자   정말 잘 짜놓은 영화 같네요.

혜원 아빠   나는 가끔가다가 친구들 만나는데, 이번에 명절 때도 그렇지만, 유병언이 죽었다고 믿는 친구 한 명도 없어. 하물며 어른들도 안 믿어. 미국 어디 가서 잘 먹고 잘 살고 있을 거라고 그렇게 얘기해, 다들. 나 또한 그렇게 믿고, 절대 유병언은 안 죽었어. 유병언이 그렇게 죽었다는 게 말이 되냐고. 그게 정황상 맞아떨어지는 [이야기냐고]. 국민들 바보로 만들어놓는 거지 그게. 참 아이러니한 상황이야, 아이러니한 국가고. 이런 국가에 이런 국민들이 있다는 게 난 신기해. 나는 내 맘 같아서는 우리 애들 능력되면 다 외국으로 보내고 싶어. 우리나라에 살고 싶은 맘이 난 하나도 없어, 진짜. 그런데도 그거는 내 희망사항이고, 또 이 나라의 구성원으로 살아가겠지. 근데 그 마음은 그래요.

언론의 모습과 진도의 실제 현장

면담자   아버님, 아까 언론 얘기하셨잖아요. 조금 더 여쭤보고 싶은데… 진도에서 그날 당일부터해서 '전원 생존했다'는 보도는 아버님도 직접 보셨고, 그 현장에서 직접 보신 진도의 풍경이랑 아까 말씀하신 대로 언론에 나온 거랑 정말 다르잖아요. 그 차이를 진도에서 동시에 보셨어요?

혜원 아빠   그런 거죠. 우리를 취재하는 영상, 그 수백 대의 카메라가 있었는데, 방송에는 단 한 개도 안 나갔잖아요.

면담자   그때 당시에 방송에 안 나가고 있다는 거 아셨어요?

혜원 아빠   응, 알았어요. 내가 얘기했잖아. 고립된 생활, 고립된 곳이라고. 그러니께 단절된 곳이라는 느낌을 받았다니까, 완전히. '왜 이래? 왜 이러지? 왜 여기 소식이 하나도 안 들어가지? 국민들 궁금해할 건데?' 엄청 궁금한 사항이고[사항인데] 한 개도 안 나갔잖아요. 물론 그 전부터 알았어요. 통상적으로 보도라는 게, 이제 중간에, 위에서 이제 막고 자르고 지네들 편한 거만 내보내고 그런 거 있었지만, 이 정도까진지 몰랐지. 뭐랄까 양심적인 기자라 그래야 되나, 뭐 조금 그나마 저기된 기잔지 몰라도, 안산 와서 몇 명 만났을 때 그 얘길 하더라구요, 밑에서 아무리 기사를 써서 올려도 위에서 다 자른다고. 그러니까 기자들 중에서도 나름대로 조금 파워 있는 기자가 써야지. "아니, 그러면 그 많은 기자 중에 파워 있는 기자들이 하나도 없었냐" 했더니, "아무리 파워 있어도 그런 민감한 사항은 다 잘른다"고, 위에서. 뭐 그런가 보다 했지. 이게 그러니깐, 우리나라 방송 보면, 정부가 잡구선 지랄할라고 이렇게 그 지랄을 떠는 거지. 우리가 오죽했으면 KBS 사장 물러나라고까지 [서울에] 올라갔겠어요. 보도국장 쫓아내려고, 사장 물러나라고 했겠냐고. 그 일 있고, 알죠? 우리가 쫓아 올라가서 KBS까지 [항의]한 거, 그 일 있고 나서.

면담자 　　아버님도 그때 가셨나요?

혜원 아빠 　　다 갔죠, 가족들 거의 다 갔는데, 그 일 있고 나서 KBS기자단에서 백 몇 명이 왔었죠. 가족들한테 와서, 분향소 와가지고 사과하고 저기 그 했지만, 그 이후에도 크게 변한 건 없잖아요. 그나마 그래서 KBS 좀 나아진 거야. 지금 MBC 봐. 지금 MBC는 뭐 완전히 공영 KBS보다 더하지 뭐. 그게 MBC야? 개인 방송이지.

면담자 　　그러면 그때 진도에 계실 때 핸드폰으로 기사나 뉴스를 보셨어요?

혜원 아빠 　　핸드폰 들여다보고 할 여유는 없었지.

면담자 　　그럼 그때 당시에는 언론에 어떻게 나가는지 잘 모르셨나요?

혜원 아빠 　　거기에 TV 자체가 있었어요. 거기 건 크게 두 대가,

한쪽은 우리 애들 구조하는 그거, 저 멀리서 배 이렇게 찍어가지고, 한쪽은 계속 뉴스 나오고. 그 와중에도 YTN, MBN, 채널A 이런, 지네들 그 종편방송 틀어놓고 지랄 떠는데.

면담자 그런 방송을 틀어놨었어요?

혜원 아빠 그렇지, 그때는 그게 크게 저기한 거 몰랐지. 뭐 내용이, 똑같은 내용만 나오는 거야. 근데 그때부터 저기[언론통제]한 거지. [그래서] '이 무슨 이러냐' [하고 생각했지].

면담자 그럼 그때 느끼신 거는 주로 '왜 여기에 보이는 거를, 많은 거를 안 보여주고, 일부만 보여주냐, 또 인터뷰한 거 왜 안 나가냐' 이런 느낌이셨던 건가요?

혜원 아빠 기죠[그렇죠]. 그게 사람들이 자기 생각만 얘기하고, 현재 뭐 구조 상황만 얘기하고 이런 거지. '여기 지금 가족들이 어떻게 생활하고 가족들이 이불만 덮고 바닥에서 이런다' 이런 거에 대해서는, 가족들 생활하는 것뿐만 아니라 뭐 실질적인 구조 상황[이] 어떻게 돼가는 거 이런 거 일체 안 나오잖아. "애들 몇 명 찾았다" 이런 거 말고, 뭐 [실제 구조 상황에] 대해서 내용 한 개도 없이. 한, 내가 보기엔 국민들 한 5일 정도는 똑같은 화면에 똑같은 얘기만 계속 들었을 거예요. 그거야, 다.

면담자 그 5일 안에 되게 많은, 가족분들이 언론 인터뷰도 하고 그러셨던 거죠?

혜원 아빠　　　엄청 한 것도 있지만, 인터뷰 안 해도 그 안에서 5일 동안 일어난 사건 사고는 엄청나, 아까 말한 대로. 비상대책위 구성도 안 돼서 가족들[이] 만들고 그런 것도. 그런 거 다 취재했어야지. 기자들 다 보는 앞에서 끌어다 놓고, 다 했었으니까.

면담자　　　기자들도 촬영하고 있었고요.

혜원 아빠　　　다 했지. 그런 거 한 개도 안 나오잖아.

면담자　　　또 기억 나시는 거 있으세요? 5일 동안의 말씀하신 많은 사건들 중에, 나갈 법한데 정말 나가지 않았던 뭐 장면이나, 큰 이슈 같은 게 있나요?

혜원 아빠　　　큰 이슈는 뭐 사고 자체가 워낙 큰 이슈였고, 거기서 내 앞전에 그거 알아요? 우리 애들 시신 많이 바뀐 거? 처음에?

면담자　　　말씀해 주세요.

혜원 아빠　　　시신이 바뀐 거, 그런 거 실제 엄청난 뉴스잖아. 실제로 뭐 물론 부모가 못 알아본 거 있겠지마는, 뭐 바뀌어가지고 난리 나가지고 진짜. 뭐 장례 다 치르고 마지막 뚜껑 닫을 때, 관 뚜껑 닫다가 알아가지고 저기한 것도 있었고, 그것만이 아니라 아까도 말한 대로 인상착의 개떡같이 해놔 가지고, 애 아버지 한 명은 와서 해수부 직원, 거기 있는 데 와가지고 뒤집어엎었던 사건도 있었고. 거 다 밖에서 기자들 보고도 다 했는데, 단 한 번도 [방송에] 안 나왔잖아. 그거뿐만 아니라, 물론 뭐 1시간에 한 번, 2시간에 한 번씩인가 해수부에서 뭐 차관인가 누가 나와가지고 브리핑하는 게 있어. 이거는, 이거 때마다 난리가 나는 거지 뭐. 시발새끼들 거짓말하네 어쩌네. 뭐 에어탱크[에어포켓] 있다 그래서 거기에 기대 걸었는데, 그게 뭐 하루 이틀 늦어지고, 첨엔 "몇 시간이면 될 겁니다", "몇 시간 될 거 하루가 늦어집니다, 작업[이]". 그럴 때마다 가족들 열받고 흥분해 가지고 돌아버리는 거지.

그 와중에서도 어느 정도 안정은 찾아가요. 한 3일 정도 지나니까 사람들이 이제 주위 사람들하고 얘기도 하고, 인제 포기한 거지. 살아 있는 건 포기한 상태에서 의연하게 찾으러 가는, 애 데리고 올라가야겠다 생각하는 거지. 근데 아까도 얘기했지마는, 어떤 워낙 사고 자체가 큰 사건이었고, 그 와중에서 여러 가지 일들이 생기[고] 터지는데, 중요한 건 실질적인 현 상황이나 그런 거에 대해선 제대로 보도가 되지 않고, 이렇게 기본적인 아웃트라인[개요]만 살짝살짝. 그러니까 우리가 우리 얘길 하고 싶어도 안 되는 거지. 그 모든 게 막혀버린 곳에서 지내는 그런, 쪼끔 뭐, 그런 생각 많이 가졌어. 그 느낌을 많이 받았지. 그랬는데도 불구하고 뭐 거기에 대해서 불만할 수 있는, 그때 당시에 그런 건 없었어요. 이러나저러나 하고, 뭐 그러다 다른 방송국 찾아 가지고 막 그렇게 했지만. 중요한 거는 가족들 모두 첫째가 자기 새끼 찾아 가는 거에 있지. 큰 목적이었고, 어느 정도였냐면, 애 찾았다는 거에 축하한다고 했다니까? 죽은 자식 찾았는데, 축하한다고 했으니까 오죽했겠냐고, 마음이.

혜원 아빠 유영민

진도에서 올라와 장례를 치르기까지

면담자　　조금 어려울 얘기일 것 같은데, 방금 말씀해 주신 부분 있잖아요. 자녀들 찾았을 때 서로 축하한다는 말을 하는 상황이 됐다고 하셨는데, 참사 첫날도 생존한 아이들은 올라갔잖아요. 그런 아이들의 부모님들이랑은 마주침이 전혀 없으셨던 거죠?

혜원 아빠　　네. 아니, 그때는 마주칠 수도 없었고, 왜냐면 누가 누군지도 모르고, 자가 우리 반 애인지도 모르잖아. 그냥 마주치고 하곤[할] 그렇게 없었어요. 설마 안다 해도 마주치겠냐고 거기서. 아무런 그게 없었고, 서로가 틀린 거지.

면담자　　그다음에 그럼 아이들이 올라오고, 3일, 4일째 이렇게 아이들이 올라올 때는 체육관 분위기가 어땠나요?

혜원 아빠　　그때도 몰랐어요. 오로지 자기 애 찾는 거에만 관심 있었지. 몇 반 아이, 누구다 이런 거 진짜 몰랐어요. 그거는 올라와서, 올라와서 이제 해서 되는 거고, 그 전에는 몰랐어요. 거기서는 그냥, 나중에 인제 반별로 몇 반 누구 이렇게 해서 '어, 우리 반 아이네' 해서 이렇게만 알았지 그 전에는 몰랐어. 몰랐고, 그리고 또 그것도 감이 없어 가지고, 오직 내 아이 찾는다는 것만으로 그냥. "몇 반 모이세요" 그러면 그거 참석도 안 하고 그냥 그랬었어. 참 애들 찾는다는 게, 지금이야 뭐 각 반별로 참 가족들처럼 지내지만, 나중에 [그렇게 된 거지]. 처음에는 한 명도 몰랐어. 한 명, 내가 아침에 우리 애하고 같은 [친구], 아래 바로 옆집 살았으니까. 거기도 엄마 아빠 몰랐어요. 애만 알았지. 애만 알았었지, 우리 딸애하고 친했었으니까.

면담자   혜원이 올라온 날, 그니까 목포병원에서 올라와서 바로 장례 준비하셨다 그랬잖아요. 그 장례 치르는 과정에 대해서 설명해 주세요.

혜원 아빠   뭐, 장례 치르는 것은 크게 힘든 건 없었어요. 왜냐하면 거기서 내가 병원을 지정해 주면 안산서 직원들이 다 알아서 해줬어요. 나는 우리 저 바로 집 앞에 온누리병원에서 했는데, 자리가 없어 가지고. 그날은 뭐 안산 시내에 장례식장 자리가 다 없었어요. 하루 기다리다가, 하루 저 애 냉동실 넣어놨다가 그다음날 장례를 치렀는데, 원래 내가 안산 자체가 아는 사람이 없고, 안산에 내가 뭐 특별히 사회생활을 하는 게 아니다 보니까, 그냥 조촐하게 조용히 치르라 그랬는데, 어디서 소식 들었는지 우리 초등학교, 고등학교 애들 동창들이 다 찾아왔더라고, 집안사람 다 오고. 그래도 나름대로, 나름대로 조용히 치렀다[치르겠다] 생각했는데, 많이 와줬더라구요, 사람들은. 아무래도 아픔을 같이하는 사람들만 이렇게, 고향에서도 막 올라오고. 장례는 그냥 원만하게, 원만하게 치렀어요, 어려움 없이. 나름대로 안산시청 직원들하고, 뭐 관련된 교육청 직원들도 나와서 뭐 도와주고 하다 보니까 금방 치렀어요, 치르긴.

면담자   동생들은 어떻게, 이해를 시키시거나 하셨나요?

혜원 아빠   굳이 이해할 필요가 없는 거죠. 언니고, 누난데 죽은 건 알잖아요. 그걸 어떻게 이해를 해요. 애들이 그냥, 덤덤하게 받아들이는 거지. 제일 걱정이 되는 건 애들이 받은 충격에 대해서 걱정했는데, 다행히 애들이 잘 받아들였어요. 특별히 신경 안 써도 됐었고. 왜냐면은 둘째 놈은, 둘째도 나름대로 지 스스로가 똑똑한 놈이니깐 헤쳐 나가는 방법을 알아서 지 나름대로 혼자 언니 추모하면서, 언니 생각하면서 지냈고. 아들놈들은 쌍둥이니까 서로 둘이 의지하면서 잘 버티더라고요. 난 지금도 얘기해요, 우리 애들한테. 니들은 뭐 다른 거 뭐 공부하란 소린 절대 안 해. 딱 한마디만 해, 내가 애들한테. 큰누나 잊지 말라고, 그거 한마디만 해. 근데 애들이 생각보다 덤덤하면서도 대범하게 잘 받아들였어요. 그거는 좀 다행인 것 같더라고요. 다른 애처럼, 애들이 막 많이 힘들어하거나 이러면, 내색을 안 해서 그런지 몰라도. 하여튼 잘 받아들였어요.

면담자   다들 성숙하네요.

혜원 아빠   많이 성숙됐어요, 애들이. 우리 애들뿐만 아니라 주변에 있는 애들이, 지 언니, 오빠, 형, 누나잖아요. 이렇게 잃고 나서 정신적으로 많이 성숙된 거 같기도 하고, 생활하거나 말하는 게 되게 그래요. 그게 좀 안타깝더라고요. 애들다워야 되는데 갑자기 커버린 것 같애. 주위에 있는 애들 다 그래. 확 커버렸[어], 애들이 확 커버렸어. 엄마 아빠를 위할 줄도 알고, 위로할 줄도 알더라고.

면담자　　　혜원이 인상착의를 못 알아보시고 나서, 많이 미안한 감정 들고, 그리고 화나셨을 텐데….

혜원 아빠　　많이 미안했죠. 너무 많이 미안했고… 지켜주지도 못해서 미안한데, 더더욱 찾지도 못해서 미안했죠. 이게 자식 앞에서 부모는 항상 죄인이라고, 애 보내는 마지막 순간까지도 미안했어요. 미안한 게 한두 가지가 아니야. 너무 많이 미안해. 그… 우리 애 딱 처음 찾아서 봤을 때 파노라마, 인생에 파노라마처럼, 근데 애한테 미안한 거만 다 떠오르는 거야. 예전의 기억도 안 나던 게 다 기억이 나고. 그런 게 있어, 그냥 단어가 필요 없어. 미안한 거밖에 없더라고, 나는. 나는 제일 두려운 게, 지금도 제일 두려운 게, 내가 죽어서 우리 애를 만났을 때 못 알아볼까 봐. 그니까 못 만나는 게 두렵고, 만났을 때 못 알아보는 게 두려워요, 진짜로. 제발 내가 죽었을 때 우리 애 만나서, 만나보고 싶고, 알아보고 싶고, 안아도 보고 싶고, 진짜예요. 다른 게 제일 두려운 게 아니에요. 그게 제일 두려워, 우리 애 못 알아볼까 봐. 그리고 또 못 만날까 봐.

면담자　　　안산 올라올 때 구급차 이런 것도 제대로 마련이 되지 않았었고, 안산 택시 기사 분들이 도와주시기도 했다는 이야기를 들었는데, 혜원이를 데리고 올라오실 땐 어떠셨나요?

혜원 아빠　　네. 구급차들이 내가 봤을 땐 모질란 것 같진 않았고, 구급차들은 항시 대기를 하고 있었어요, 대기를 하고 있었고.

왜냐면 대한민국 각지 각 소방서의 구급차 각 한 대씩 파견했다고 했었으니까. 왔었고, 안산 택시, 개인택시 연합회에서 진도까지 무료 운행을 해줬다고 하더라고. 무료 운행을 하고, 나도 택시 타고 올라왔어요. 택시 타고 왔고, 고맙죠. (잠시 전화 통화)

그래서 그분들이 많이 봉사활동 많이 해줬죠. 택시 대기하고 있으면서 잘 데 없어 가지고 쪼그려 주무시면서, 가족들, 우리 찾아 올라올 때도 말 한마디도 않고, 그냥…. 고맙죠. 난 그랬어요. 내 개인적으로는 이제 그런 게, 부족하거나 그러지 않았어요. 나 우리 애 찾아 올라올 때도 가족들까지 해서 택시 두 대 딱 보내줘 가지고 두 편으로 올라갔고, 구급차에서 우리 애 싣고 올라가고, 우린 택시로 올라가고. 난 그것도 미안해요. 구급차에서 우리 애하고 같이 있어야 되는데, 구급차에도 같이 못 있은 거도 미안하고. 올라갈 때라도 구급차에서 좀 애 안고 갔어야 되는데, 웬만하면 집에서 그냥 따로 가라 그래 가지고, 그것도 미안해요. 마지막이라도 같이 있어줘야 되는데, 가족들은 생각해 보면 다 미안한 거투성이라니까. 그렇지요, 국민들 때문에 산다고. 그런 분들이 있고 해서, 위로해 주고 해서 사는 거지, 나라만 보면 못 살지요.

면담자   당시 진도와 안산 등지에서 자원봉사 하셨던 분들에게 미안함과 고마움을 많이 느끼셨군요.

혜원 아빠   그러니까는 많은 분들이 떡도 해 오고, 많은 업체들에서 음식부터 옷가지, 이불, 다 지원해 줬어요. 어마어마하게 진도에서 그 들어오는 물품을 다 감당을 못해서 정리를 못할 정도였으니까, 엄청났죠. 우리 가족들은 그런 거 신경 안 쓰는데, 나도 들은 얘기지만 너무 물건이 많아 가지고, 처치 곤란해 가지고, 우리 막 남았던 물건을 가족들하고 해서, 그 진도 분들한테 나눠드리고, 뭐 그렇게 알고 있어요. 너무 많이 뭐 가족들 먹으라고, 힘내라고 뭐 많은 분들이 진짜 자기들 음식 싸 갖고 와서 먹이고. 그때 그분들, 와서 생색내는 것도 아니고, 조용히 와서 먹고 가라고 하고. 아까, 쉽게 [말]하면 그 말에 모든 그 내용에 조합된 게, 국가가 개떡 같지만 국민들만큼은 1등급이란 얘기, 그래서 나온 거예요.

면담자　　　그분들이 좀 위안이 되신 거군요.

혜원 아빠　　고맙죠.

면담자　　　고맙다는 기분이 드셨던 거죠?

혜원 아빠　　그렇죠, 고맙죠. 같은 참사를 겪었던 분들이 그 아픔을 아니까 달려오잖아요. 와서 가족들, 그 사람들 나름대로 유일한 방법이 그거예요. 말로 위로하는 게 아니라 조용히 주변에서, 사이드[옆]에서 머물면서 우리들 불편하지 않게끔 다 해주고 그랬던 게 가장 고마운 거죠. 그게 그리고 따지고 보면, 그게 가장 효과적인 그 위로할 수 있는 방법이었고. 따지면… 아파 가지고 슬픔에 빠진 사람한테 이 얘기 저 얘기해 봤자 안 들어온다니까요.

면담자　　　그때 당시에도 자원봉사자들이 천안함 사고 피해자

가족들이라는 것을 알고 계셨나요?

혜원 아빠 　　　몰랐죠, 그분들은. 뭐 몰랐죠. '아, 저분들 누군데 저 고생해 주나?' [했는데] 나중에 들으면 그 천안함 유족들인데, 그게 뭐 그분들, 그분들 와가지고요, 바닥 걸레질, 가족들 신발 신고 다니잖아요, 거기 걸레질 싸악 하고, 위에 다 청소하고, 조용히 하고, 하시고, 다음 날 와서 또 조용히 하고. 그분들 어디서 자는지도 모르고, 뭘 먹고 지내는지도. 우리가 그분들 누군지 모르지만, 그분들 와서 말 한마디 않고, 옆에서 조용히 청소만 하시고 가시는 그런 분들이었는데. 우리가 받은, 국민한테 받은 거 나중에 우리 가족들도, 뭔 어느 정도 기반이 자리가 잡히고 하면, 그런 게 조성이 되겠죠. 봉사활동이라는 게, 또 아픔을 겪은 분들이 있으면 우리가 달려가서 그분들 아픔을, 일은 못하겠지만 옆에서 조용히 사이드 [옆]에서, 조용히 말없이 봉사활동하고 지낼 수 있는 그런 기회는 오겠지요. 그 이게 우리나라 국민들이 첨부터 내려온 것 같애요. 항상 어디 재난이 떨어지면, 말없이 달려온 분들 많잖아요. 어떤 특정 단체를 떠나서.

8

진도대교까지의 행진

면담자 　　　아까 진도대첩이라고 부모님들이 말씀하신다고 하셨는데, 그때 얘기 조금 더 해주실 수 있으세요? 어떻게 해서 그렇게 움직이게 되셨나요?

혜원 아빠   그때는 나는 중간에 아파 가지고, 다리가 아파 가지고 많이 같이 끝까지 못 가고, 참여만 하고 나서 난 뒤로 빠졌었는데. 가족들이 요구 사항이 하나도 반영이 안 되고, 실생활[실제 방송]에 하나가 절대로 이게 외부유출이 안 되잖아요. 그래 가족들이 나가가지곤 "청와대로 가자. 우리가 나가서 담판 짓자" 그래서, 그냥 그래서 가족들이 몰려 나간 거지요.

면담자   계획적인 것보다는 약간 우발적인 거였나요?

혜원 아빠   아니, 아니요. 계획적인 거 아니고, 우발적인 거죠. 왜냐면 느낀 거지. 너무 통제를 하잖아. 우리가 통제받을 사람이 아니거든. 근데 우리를 묶어버리더라고요, 묶어. 체육관 밑에서부터 묶어가지고, 근데 그걸, 사람들을 막을 순 없잖아. 그거 해수부 장관 와가지고 지껄이는데 말이 들어와? 뭐 개뿔, 뭐 하는 것도 하나도 없이, 가족들 요구하는 거 하나도 안 해주고 애들 구조도 하나도 못 하고, 그래 가지고 가족들 계속 걸어간 게 진도대교까지 간 거야. 꽤 먼 거리예요. (면담자 : 네, 굉장히 멀잖아요) 거기서 막힌 거야, 거기서 막은 거지. 버스 대절했더니 버스 대절 못 시켜준다고 하고. 우리가 한다니까, 우리가 하니까 버스 회사에서 안 된다 그라고. 우리가 "우리 그럼 니들 필요 없다. 우리 돈 갖고 할 테니까 우리가 부르겠다" [했는데] 버스 회산 안 되지. 압력이 들어왔는가, 버스를 타고 출발해도 막아버리지. 막잖아. 완전히 막히지.

면담자   다른 가족들은 진도대교까지 가시고요?

혜원 아빠   갔다가 돌아왔죠. 세상천지에 그래 유족들을 막는
데가 어딨어. 유족들이 가고자 하는 길을 막는 데가 어딨어. 그게
현실이지.

면담자   그때 가족분들이 몇 분 정도였을까요?

혜원 아빠   많았어요. 진도체육관에서도 대략 한 150명 정도.
막 올라오는데 엄청났었거든. 그쪽 경찰 애들이 스크럼 짜고 막았
으니까, 그 큰 도로를.

9
팽목항의 변화

면담자   아버님, 안산에 올라오신 이후로 팽목에 다시 가신
적 있나요?

혜원 아빠   많이 갔죠. 우리 반 [황]지현이가 안 올라왔잖아. 그
때 내가 반대표 맡고 있었고. 그래 지현이 엄마 아빠 위로한다고
계속, 거의 뭐 주말마다 한 번씩 뭐 내려갔었죠. 다른 반, 다른 엄
마 아빠들도 많이 계속 내려갔지만, 또 [우리] 반에서도 계속 내려갔
었죠. 지현이가 맨 마지막으로 올라왔었잖아요. 그러니까 우리 반

111
·
2회차

은 계속 갔었지, 지현이 찾으러.

면담자 　　　반 부모님들끼리요?

혜원 아빠 　　계속 가는 거예요.

면담자 　　　번갈아 가면서 가시는 거예요?

혜원 아빠 　　번갈아 가는 것도 있고, 그냥 마음 동해서 가는 것도 있고, 나하고 집사람하고 그냥 둘이 가방 메구서 가가지고 하룻밤 지현네랑 같이 가가지고 하룻밤 있다가 올라오고 그랬지요.

면담자 　　　나중에 진도에 가셨을 때 어떤 다른 변화가 있던가요?

혜원 아빠 　　변화라기보다 이제 사람들의 관심이 뚝 떨어지는 거지. 이제 그때는 몇 명 안 남고 했을 때는, 싸늘했지. 썰렁해지고. 지원 그런 게 끊기고, 뭐 그런 게 있었지. 축소화되고, 축소화되고, 축소화되고, 그런 거지. 그나마 저 지현이 찾고, 지현이가 생일날 올라왔잖아. 지현이 찾고 나서 남아 있는 저 미수습자 가족들이 인양, 인양 결정했잖아. 인양 결정한 그날, 인양 결정한 그날, 지원본부가 사라졌잖아요, 해수부 합동본부 사라지고. 그니까 그거 결정할 때만 기다렸던 것 같아. 기사 나자마자 바로 그날 해산, 해산, 해산 탁탁탁 없어지더라고. 그니까 지원 끊겨서 없어지더라고. 그래서 저 미수습자 가족들만 또. 지금 내가 알기로는 진도군청에서 쫌 도와주고, 진도 팽목항에 저 컨테이너 있어요. 그것도 지금 존재 가치를 위협받고 있잖아. 진도군민들이 그거 빼달라고 했다는

데 그거 탄원서 조작된 거 알죠? 그게 저기 탄원서 써가지고서 팽목항 돌려달라고 했던 거, 주민 몇 명이 했다길래 봤더니, 그 사람들은 한 적도 없다고 하고, 한 두세 명이서 그냥 자기 이름 써가지고 그냥 낸 거잖아.

면담자   언제쯤 있었던 일이죠?

혜원 아빠   그게 한 1년쯤 지나서 일이죠. 팽목항 이제 돌려달라고 저기[탄원서]를 냈대. 빨리 없앨라고 눈에 이제 불을 키고 있는 거지. 저번에 얘기했잖아요. 지금 우리 저 배 인양 준비하고 있는데, 가족들이 감시한다고 했더니, 배에 못 올라가게 하고. 나중에 동거차도 산꼭대기에서 망원경 놓고 하니까, 낮에는 작업 안 하고 밤에만 하고 뭐. 이상하지 않아요? 뭐가 두려워서 그러지? 우리가 배 옆에 있는 것도 아니고 멀리고 몇 킬로미터 떨어진 데서 망원경 갖고 하는데, 그게 뭐 저기하다고. 그게 의문투성이가 많아요. 진실 쪽으로 관심 있는 사람들은 인터넷만 찾아봐요. 가족들 주고받은 의문 사항이나 이런 거, 하나하나 캐면 캘수록 신기하고 무섭고 겁나고 그래요.

10
진실의 의미

면담자   어떤 게 겁나세요?

혜원 아빠   너무나 많은 진실을 감추고 있잖아요. 어떤 진실을 찾아낼지 겁나요, 이젠. 그 겁이 난다는 게 무섭다기보단, 그 후폭풍이 얼마나 커질지 모르잖아요. 너무나 큰 진실이 숨겨져 있는 것 같아요, 아무리 봐도. 나는 세월호에 배가 사고가 아니라 우리는 참사라고 하는데, 심하게 표현하면 학살이라고 봐. 근데 이게 진짜 학살이면 무섭잖아, 너무 무섭잖아. 어떻게 21세기 나라에서 이런 일이 일어날 수 있어. 근데 우리는 학살이란 표현이 가장 적절할지 몰라. 굳이 용어에 대해 설명 안 해도 될 거 아니야. 사고하고, 참사도 차이가 크지만 참사하고 학살은, 살인이거든. 오히려 학살이라고 생각해야 할 수도 있어.

면담자   아버님, 말씀 많이 해주셨는데, 오늘은 주로 4월 16일 당일부터 진도에서의 내용이었잖아요. 혹시 뭐 빠트리셨거나 당사자로서 알려야 할 것 같은 기억, 혹시 생각나는 거 있으세요?

혜원 아빠   아니. 그렇게 세부적으로 얘기하면은, 이제껏 얘기해 왔던 자체가 전부 다 알아야 할 사항이고. 우리 가족들이 요구한 가장 큰 아우트라인[핵심]은 그거야, 중요한 거. 처음에는 진실된 사고 원인을 알고 싶어. 그리고 배의 실제 소유주가 누군지를 알고 싶고, 그다음에 알죠? 해경 123경장 외에는 처벌받은 경우가 없다고, 관련된 공무원들이. 하다못해 오히려 그쪽에 연관된 애들은 다 진급하고 했잖아. 다 새롭게 [승진]시켰어, 다. 이해가 안 가. 어떻게 부실, 부실 적격 판정된 새끼들이 다 멀쩡하게 있고, 직장

다니고 하는지. 300 몇 명이 죽었는데 어떻게 책임지는 사람이 경장 한 명뿐이냐고. 그렇잖아요? 거기 관련된 수많은 공무원이 있는데 단 한 새끼도 [책임지는 자가 없냐고]. 책임, 책임자 처벌 확실히 하고, 관련자 처벌 확실히 하고, 진실 밝혀지고, 그게 가장 큰 우리 바람이에요. 진도에서 어떤 일에 대해서 차분하게 생각해 보고 해야 되는데, 그때 당시엔 어떻게 경황도 없고. 지금 또 마찬가지야, 3월이잖아 쯤 있으면은. 3월도 그럭저럭 견딜 만한데, 4월은 진짜 못 견뎌요, 우리 가족들한텐 난 특히 4월, 5월은 너무 아프고 힘든 달이라, 4월 달엔 어디 도망가고 싶어. 4월이란 게 없어졌으면 좋겠어. 작년에는 너무 힘들게 지내가지고, 올해는 어떻게 할지 모르겠어. 지친 건 사실이야. 4월 달은 앞으로, 4월 달이 무서워 돌아오는 게 무섭고.

면담자　　　그 기간이 더 두려우신 거죠?

혜원 아빠　　　응. 아니 4월이란 자체가 무섭고, 벚꽃 피는 게, 이 세상에 벚꽃이란 게 없었으면 좋겠어. 우리 애들 벚꽃 필 때 떠나가지고, 그래. 하나둘씩 차분하게 하다 보면, 뭐 나 말고도 다른 분들 부모님들 얘기 많이 들으셨겠지만, 그 얘기하는 와중에 또 내가 알지 못하는 뭔가 새로운 얘기가 나오겠죠. 나올 거라고 생각을 하고, 각자 부모님들이 보는 관점이 틀리니까, 근데 공통된 거는 다들 제정신이 아니었었고, 그때 당시로는 어떻게 할 줄을 몰랐기 때문에 생각하는 거나 보는 관점이 거기서 거길 거라는 거죠. 근데 좀 진득이 바라본 사람이 있을 거고, 그때 분명히 촬영한 화면들을 다 갖고 있을 거라고, 자료들을 모든 기자들이. 지금이라도 빨리 그걸 밝혀줬음 하는데. 그건 내가, 내 생각인지 몰라도, 그건 다 갖고 있을 거야, 그 원본을. 거 진도에서의 며칠 찍은 거 다 있을 거고, 그때 당시를 취재한 사람들이 많을 거야. 제발 그 내용 좀 다 갖고 있다가 나중에 한 방에 터뜨렸으면 좋겠어.

면담자　　　그럼 마지막으로 하나만 더 여쭐게요. 아까 아버님이 말씀하셨는데, 제가 마음이 어려워 가지고 더 못 여쭤봤어요. 근데 중요한 얘기인 것 같아서요. 혜원이를 못 알아볼까 봐 두렵다고 하신 건 어떤 의미인가요?

혜원 아빠　　　아까 얘기했잖아요. 모든 게 미안하다고 애한테. 다 미안한데, 정말 보고 싶어. 너무 보고 싶어, 난 우리 애가 미울 정도로. 보면은 꿈에도 안 나와. 근데 얼마 전에 한 번 왔어, 찾아왔어 꿈에. 너무 좋았어. 그날 하루 종일 웃었어, 미친놈처럼. 너무 보고 싶어, 근데. 그게 두려운 게 뭐냐면, 그렇게 보고 싶은데, 사람들마다 얘기가 틀려. 뭐, "우리 삶은 끝난 거기 때문에 끝난 거다". 근데 난 싫어. 나는 저승이 있다고 믿는 놈 중에 하나야. 저승에서 우리 애들 잘 놀고, 잘 지내고 있을 거고, 거기서 우리 딸이 엄마, 아빠 기다리고 있을 거라 생각을 해, 진짜로.

　　내가 근데 이 정신 갖고 저승으로 가야 되는데, 거기서 우리 딸을 보고도 못 알아볼까 봐. 진짜 우리 애한테 가서 무릎 꿇고 빌어야 되는데, 못 알아보고, 애가 못 알아볼까 봐 그게 제일 무서운 거야. 그래서 그런 거지. 다른 게 무서운 게 아냐. 아니 지금 당장에라도 죽어도 괜찮아. 이 세상 큰 미련 없어. 단지 우리 어머니보다 먼저 죽으면 안 되는 거고, 나도 자식이니까. 또 남아 있는 애들이 있으니까 걔네들 클 때까지만. 그래, 죽는 게 무서운 거보다 가가지고서 우리 애만 볼 수만 있으면 좋겠어. 알아볼 수만 있으면 좋겠어, 다른 건 다 필요 없고. 그리고 꼭 안아서 미안하다고 얘기하고 싶어. 잘못했다고, 미안하다고, 정말 정말 미안하다고. 진짜 사랑한다고. 그거 꼭 해주고 싶어.

면담자 　　　네. 감사합니다. 오늘은 이만 마치겠습니다.

혜원 아빠 　　　네, 수고했습니다.

3회차

2016년 2월 24일

1
시작 인사말

면담자   본 구술증언은 4·16 사건에 대한 참여자들의 경험과 기억을 기록으로 남김으로써 이후 진상 규명 및 역사 기술에 기여하고자 합니다. 지금부터 유영민 씨의 증언을 시작하겠습니다. 오늘은 2016년 2월 24일이며, 장소는 안산시 다문화 가족지원센터입니다. 면담자는 이예성이며, 촬영자는 김솔입니다.

2
단원고 운영위원회 활동

면담자   어저께 단원고 운영위원회 참가하셨다고 그러셨는데, 어떤 건지 먼저 설명해 주세요.

혜원 아빠   위원회, 운영위원회는 전반적인 학교, 학교가 운영될 때, 새 학기 시작되니까, 내년도 예산이나, 작년도 거, 예산 결산도 보고, 그 해의 학교 학사일정, 그다음에 전반적인, 그니까 학교 운영에 대한 전반적인 것을 다 회의하는 자리지. 지금 학교에서 문제시 되고 있는 그 교실존치의 문제, 이거는 별개의 문제죠.

면담자   그럼 운영위원회는 유가족 부모님이 지금 많이 들어가 계신가요? 아니면 아버님만 계신가요?

혜원 아빠   원래는 나 말고 세 분 정도 더 들어와 있는데, 실질
적으로 참가하는 사람은 나하고 또 한 명, 두 분이고. 내년에는 아
무도 없겠죠. 학교 운영위원회는 학부형들하고 학교 교사들하고
지역인사 이렇게 편성해서 운영을 하고. 현재는 약간 대립으로 가
고 있지만, 그렇다고 그 대립한 것, 그 자체 가지고 학교 운영 일정
에 파행을 줘서는 안 되니까 갔다 온 거죠.

면담자   그럼 아버님께서 운영위원은 언제부터 하셨나요?

혜원 아빠   올해죠. 올해 우리 애가 들어가면서 학부형이니까
나도 자격이 돼서 이제 한 거지.

면담자   그러니까 ○○이, 둘째요?

혜원 아빠   네, ○○이.

면담자   원래 운영위원을 하실 생각이 있으셨던 거예요?

혜원 아빠   없었지. 교육적 열의가 없을 수도 있고. 또 워낙 사
는 게, 그때는, 처음에는, 예전에는, 사고 전에는 힘들었었기 때문
에. 얘기했잖아, 우리 집에 애들이 넷이었다고. 그때 당시에는, 애
들, 어떻게 해서든지 한 푼이라도 더 벌려고 밤낮으로 정신없이 일
할 땐, 학교에 관심을 갖고 그럴 건 없었지. 그러다가 이제 사고 나
고 나서, 10월인가 9월인가, 2014년도 9월에 학교 문제가 대두되면
서, 학교가 우리 애들한테 어떻게, 그때 이제 학교에서 수학여행
일정이나 이런 것을 어떻게 했나 그러면서, 이제 또 대책위원회가

생기면서, 학부형들하고 우리 유가족들하고 구성이 되죠, 학교 선생님들하고. 구성이 되는 자리에 내가 이제 그때 임원으로 들어갔다가, 그걸 이어서 올해 이제 운영위원회를 맡은 거고, 2015년도에. 임기는 올해도 좀, 뭐 조금 머리는 아프지만, 어떻게 해야 되나 고민 중에 있어요. 애들이 이제 셋이나 들어가 있는 상태인데.

면담자   아, 쌍둥이들도 단원고에 들어갔나요?

혜원 아빠   네. 운영위원회를 계속해야 될지…. 뭐 머리도 아프고, 교실 문제로 자꾸 대립하는 것도… 그렇게 마음에 드는 건 아니고. 내가, 스스로가 자꾸 사람들을 미워하는 것 같애 가지고… 이게, 이게 뭐라고 표현해야 되나, 내가 그렇게 좋고 착한 사람은 아닌데… 조금 마음이 막 왔다리 갔다리 하는 것 같애. 어떤 날은 부처님 가운데 토막처럼 무심하기도 하고, 어떨 때는 민감하게 반응하기도 하고. 나 스스로가 갈피를 못 잡고, 또 같은 그 학부형들끼리 참 아웅다웅하는 것도 눈에 거슬리기도 하고. 또 어떨 때는 그 사람들이 진짜 죽이고 싶을 정도로 밉기도 하고, 어떨 때는 내가 저 사람들하고 싸워서 뭐 하나 하는 생각도 들고. 이리저리 왔다 갔다 해요. 별생각 없어요. 생각은 하고 있어요, 어떻게 해야 할지는, 계속. 가족들, 우리 유가족들 입장에서는 그래도 가족 중에 한두 명이라도 학교 운영위원회에 들어가 가지고, 계속 학교 상태를 알아보고, 전반적인 상황에도 관여를 하는 것이 좋다고 생각하시는 분들도 있고. 어차피 운영위원회는 그쪽, 그거하고는 별개라고 생각하는 사람도 있고, 그런데 운영위원장이라는 자리는 학교, 학교를 운영하는 데 있어서 상당히 막강한 자리기 때문에 운영위원장 자리 그거를, 운영위원장은 아니더라도 운영위원이 되면 조금은 견제할 수 있고, 얘기할 수도 있고. 지금 운영위원장하고도 그렇게 사이가 좋은 것은 아니지마는. 교실 교체 때문에 대립각을 세우고 있으니까. 일선에서는 농담 삼아, 애가 제일 많으니까 운영위원장 하라는 말도 있는데, 그렇게까지 무거운 짐, 짐이라 할 수도 있고 뭐라고 할 수도 있는데… 탁 내키지가 않으니까. 주변 사람들한테 미안하죠. 그래요.

면담자   그러면 아버님이 운영위원회에 참여하시게 된 것은 동생, 둘째, 셋째들, 쌍둥이들 때문도 있지만, 사실은 세월호 참사 때문도 있는 건가요?

혜원 아빠   그렇지. 그걸로, 첨에 시작할 때는 내가 원래 이제 그 가족대책위에서 단원고하고 가족들하고의 그 사후 대책 그게[그 역할을 맡은 게] 아니었는데, 아무튼 내가 하겠다고 처음에 강력히 얘기를 했지. 그래서 학교 자체를, 진짜 그때는 학교를 나는, 우리 흔한 말로 작살을 낼려고 했었지. 생각해 보니까 거기도 우리 애가 다녔던 학교고, 우리 애한테는 모교일 수도 있고. 또 우리 동생들이 다니는 학콘데… 좀 좋은 방향으로 이끌어 가보자 하는 마음도 있었고. 지금의 행태로 봤을 때는 아파. 우리 애들 생각하는 걸로 하면, 교실을 유지해야겠고, 근데 지금 학교 사정이 너무 열악해.

그래서 지금 교실이 없어 가지고 교무실하고 교장실 다 교실로 개조해서 지금 신입생들한테 줘야 되고, 선생들하고 교장은 컨테이너 만들어서 컨테이너로 옮겨 가는 광경이니, 그걸 보고 있으면 마음이 안 편하지. 마음이 안 편해, 진짜 안 편해. 학교가 그런 열악한 상황이 되어버렸는데… 참 그러네, 마음이. 그렇다고 무턱대고 교실을 내주자고 하니 그것도 마음이 안 편해. 어제도, 저번 2차 때도 얘기했지만… 교실 가면 그렇게 눈물이 나, 아프고. 그걸 없앨 수는, 없앤다고 생각하니까… 이게 뭐랄까 막 중복되는 거지. 막 이쪽으로 갔다가 저쪽으로 갔다, 그냥 아파. 약간 어떨 때는 너무 머리 아파 가지고 스트레스받을 정도, 스트레스받을 정도….

3
교실 정리 문제

면담자　　　　학교 사정이 안 좋다는 거는 어떤 뜻이에요? 왜 사정이 안 좋은 건가요?

혜원 아빠　　　일단은 단원고 자체가 상당히 그… 작은 면적에 지어졌어. 실제로 교실이 타이트하게 지어졌고, 운동장도 쪼만해. 일선에 있는 학교보다도, [그런] 학교처럼 막 공간이 [넓지가 않아]. 학교 부지가 넓고 이랬으면 교실 문제가 대두될 게 아니었었지. 사고 직후 바로 교실을 증축하든지 뭘 했으면 이런 문제가 안 생겼을 건데 거기를 대체할 수 있는 부지가 하나도 없어. 운동장도 쪼만하고. 그 상태에서 열 개의 교실이 계속 유지가 되면서, 비워진 상태가 유지가 되다 보니까, 거기 있는 학생들 자체가 공부할 수 있는 환경이 없는 거지. 그게 작년까지는, 지금 사고 난 애들, 살아온 애들이 3학년이 될 때까지는, 걔네들이 인구가 몇 명 안 되니까 교실을 사용 안 하고도 걔들만 이용해서 썼기 때문에 그대로 유지를 할 수 있었는데, 올해는 이제 새 학년, 2016년도 되면서 새 학년, 새 학기 되면서 새로운 학생들이 들어오잖아요. 그러면 각 학년별로 이제 300여 명씩 인원이 구성이 되면… 공간이 없어. 공부할 수 있는 공간이, 교실이. 그러니까 교실을 확보를 해야 되겠더라고, 보니까. 이것저것 막 여러 가지 용도로 쓰던 그 공간하고, 교무실까지 해서 애들을, 학생들 수업 공간을 만들어주고. 이제 선생님들은 컨테이너… 이렇게….

이게 어떻게 생각하면은, 일선에서는 잘 모르는 사람들은 당연히 학교에 교실을 돌려줘야 한다고 얘기를 하는데, 그게 쉬운 문제가 아니거든요, 그렇게. 왜냐면 참사의 의미도 되새기고, 현장일수도 있기 때문에. 역사적 가치로도 보면 현장은 보존해야 되는 거고. 우리나라가 지금 역사적 의미가 있는 현장은, 없어진 것도 다시 복원하는 판국인데, 왜 있는 걸, 있는 걸 없애려고 하는지. 그리고 애초부터 문제가 될 수 있단 걸 알았으면 교육청에서라도, 경기도교육청이나 안산교육청에서 손 놓고 있다가, 이젠 막상 닥치니까, 닥치니까 부랴부랴 이제 발등에 불 떨어져서.

지금 실질적으로 뭐, 이전 교육감을 욕하는 게 아니라, 그분도 사고 때에는 많이 아파하고 그랬지만. 그리고 얼마 전까지만 해도 물리력, 교실을 없애는 데 있어서 물리력은 절대 동원하지 않겠다는 말을 했었고. 그러면서 한편으로는 또 며칠 전에는 "교실은 추모의 공간이 아니다, 이제는 뭐 돌려줘야 한다" 이렇게 얘기를 해 버리면 어떻게 하란 얘기야. 우리 가족들을 압박하려는 얘기인지 몰라도, 물리력을 동원하지 않겠다는 것은, 가족 스스로 깨질 때까지 기다리겠다는 거거든. 그러면서 돌려줘야 한다고 얘기하는 것은 빨리 빼라는 얘기고. 근데 그분이 가족들의 뜻을 모르는 게 아니야. 가족들하고 수차례 면담도 했었고, 가족들의 뜻이 어떤지 아는 상태에서 알았다 해 놓고 그렇게 얘기를 해버리면. 이게 참 답답한 거지. 학교 당국에서도 함부로 손을 못 대고.

그러다 보니까 이제 재학생 학부형들이 나선 건데. 난 그 사람들 욕할 마음도 없지만, 그 사람들에 대해서 좋게 얘기해 줄 마음도 없어요. 왜냐면 우리가 그냥 단순히 생각해서, 만약 그게 자기 자식이 공부하던, 자기 자식이 시험 보던, 자기 자식이 공부하던 책상이라면 그렇게 말하겠냐고. 물론 팔은 안으로 굽고, 내 손가락이 더 급하다고, 내 자식이 공부하는 데 학교 여건, 수업 여건이 나쁘니까 당연히 "빼라" 물론 그렇게 말할 수 있어요. 근데 그에 앞서서 서로가 서로한테 공감대를 만들어줘야지. 작년 9월 달에 우리 유가족 측에서 제안했던 것만 받아들였어도 이렇게까지 심각해지진 않았지. 그때 만약에 시작했으면 벌써 교실 증축 다 돼가지고,

127

3회차

애들이 넓은 공간에서 얼마든지 다 공부할 수 있는 공간 만들었을 텐데, 자기네들이 다 거부해 놓고. 그럼 자기네들은 대안도 안 갖고 와서, 우리한테 대안도 없이 그냥 거부만 해놓고, 대안도 없이 와놓고 이제 와서 빼라? 나는 그건 아니라고 봐. 대안을 제시해 줘야지, 서로가 대안을. 자기네들만 아픈 건 아니잖아. 서로가 아프잖아. 그러면 자기네가 아픈 만큼 이쪽의 아픔을 감당, 같이 감당을 한다면, 어떠한 대안을 제시해서, 대안을 받아들일 만한 게 있어야지.

학교 밖으로 나가는 대안은 대안이 아니야. 학교를 떠나서 무슨 의미가 있어요? 교실이라는 거 자체가. 학교 당국도 자신이 1차적인 책임, 모든 책임, 1차적인 것은 학교에 있는데, 학교가 뭐 했어? 사고 이후에? 아무것도 한 거 없잖아. 가족들끼리 학교도 없애자는 말까지 있었었어. 그래도 "그건 아니다", "그건 아니다", "애들이 자기네들이 공부하던 학교고, 모교인데, 그걸 없앤다는 건 말이 안 된다"라는 의견이 우세했기 때문에 그렇게 학교에 대한 아무런 조치도 취하지 않았던 가족들이 많은데. 실질적으로 사고 난 첫날, 내가 저번에 얘기했지만, 사고 난 첫날 내가 전화했더니, "애들 다 무사합니다. 걱정 마세요" 그렇게 이야기했던 게 학교야. 학교 측도, 그렇기 때문에 학교 측도 함부로 할 수 없는 문제고.

어쨌든 교실 정리는, 제일 큰 거는 가족들 스스로 빼주는 건 당연해요. 그래야지, 그거 외에는 그 누구도 건드릴 수 없고. 그 제3자가 건들면 진짜 학교는 혼란에 싸이고. 학교는 어떻게 엄청나게

혜원 아빠 유영민

지금 있는 애들보다 더 심하게 그 과정을 겪어야 할지도 몰라요. 그래서 가족들의 뜻이 제일 중요하고, 결단력이 제일 중요한데, 1차적으로는 교실이 존재했으면 하는 게 모두의 바램이에요. 바램이지만, 학교의 내막을 알고 있는 상태면은 그렇게까지 요구하기는 또 약간의 미안한, 미안한, 그 미안한 것은 있어. 근데 우리가 그거는 재학생들, 학생들한테 미안한 거지 학부형한테 미안한 거 아니야. 학부형한테는 절대 미안한 마음 없어. 그 사람들 마음은 이해하지만 미안하지는 않아. 단지 다니는 학생들, 우리 애들 이제 후배들이겠지, 얘네들한테 미안한 거지. 그리고 학교의 주인은 학생이야. 학생들 뜻은 한 번도 물어보지 않았잖아. 나는 애들이 왜 부모보다 낫다고 생각하냐면, 쉽게 말해서 애들은 가슴에 뱃지도 달고, 리본도 달아, 가방에. 그 부모, 어느 하나 누구 가슴에 뱃지 달고 와서 얘기하는 부모 하나도 없더라. 지네들이 가족들하고 대화하고 싶은 마음이 있으면 최소한 예의를 갖춰가지고 뱃지 정도라도, 마음에 안 들더라도 차고 나와서, 그 상태에서 얘기하면서 같이 아파한다고 얘길 했으면 동정이라도 해주지. 엄마부대, 엄마부대, 어버이연합 같애, 단원고하고 재학생 학부형들. 다가 아니라 그 한 20여 명 있는데, 20여 명 정도 있는데 어버이연합이야. 대한민국, 안산의 어버이연합이야.

면담자   태도가 좀 많이 불편함을 주나요?

혜원 아빠   아니, 불편할 것도 없어, 보기도. 안 보면 그만이니까. 그 사람들 떠드는 거는 뭐, 지네 떠드는 거고. 별로 보고 싶은 마음 없어. 안 보면 되지 뭐.

면담자   아버님은 방금 말씀하신 재학생, 후배들의 학부모이기도 하시잖아요? (혜원 아빠 : 그렇죠) 혹시 그 학생들 또는 동생들, ○○이, △△이 ◇◇이 생각도 들어보신 적 있으세요?

혜원 아빠   어제, 2차 때 내가 얘기 안 했나? 단원고 간 게 아이들의 뜻이야, 내 뜻이 아니에요. 난 안 가길 원했지. 아침마다 애 엄마가 똑같은 교복 입혀서 보내는데 마음 편하겠어? 별로 가게 하고 싶지 않았는데, 굳이 자기가 간다는데 자식 이기는 부모 없다고, 그냥 보내는 거지 뭐, 자기 괜찮다는데. 애들이 생각보다 마음이 깊다니까, 통속적으로 하는 말이죠. 우리 애들[이] 그랬어. 언니 대신 공부한댔어, 언니 대신. 언니 대신 졸업하고 나온댔어. 거기에 누가 토를 달아? 어떻게 토를 달아? 나한테 얘기는 안 하지만 페이스북에는 그게, 그렇게 올라가더라. 입학했을 때, 지 언니한테 편지 쓴 게 있어. 편진가 누[구]한테 얘기했나, 그런 게 있어. "언니, 나 들어갔어. 단원고 왔어. 언니 대신 공부하고 졸업할 거야" 이렇게 해놓은 게. 그렇게 얘기하는 애한테 내가, 거기에 대놓고 무슨 말을 해.

면담자   아버님이랑 직접 그런 이야기를 하진 않은 건가요?

혜원 아빠   안 하지. 우리 작가님은 집에서 얘기해요? 부모님이랑? 안 하잖아(웃음). (면담자 : 그러게요) 뭐 장난치고 농담하고는 그래도, 그런 진심, 속마음은 얘기 안 해.

면담자   그럼 막내 동생들이 괜찮다고 한 거는 그냥 본인들이 가고 싶다고, 지나가는 말로 한 건가요?

혜원 아빠   쌍둥이? 그 놈들은 내가 "너네, 임마 단원고 가" [했더니], "네" 그러더라고. "괜찮어?" 그랬더니, 지 누나, 둘째 누나도 좋아하고, "우리 학교 오면 다 죽었어" 하면서 그냥 편해요. 내 맘은 안 편하지. 논란의 중심에 있는 학교 보내는 게 마음은 안 편하지. 그래도 뭐 가고 싶[다고], 간다고 했고. 애들이 뭔 잘못이 있어. 아니 거기 가서 애들한테까지 만약에 무슨 뭐가 온다 그러면은 학교 엎는 거지, 학교에 갔다 와야지. 아무리 사람이 순하고 웃으면서 있어도 자식 건들면 가만히 있겠냐고. 하나 잃은, 하나 잃은 것도 지금 뼈에 사무쳐 가지고 힘들어 죽겠는데. 그게 다른 애들까지 건드려 버리면은 그건 서로 죽자는 얘기지. 서로 죽자는 게, 다 죽이고 싶은 거는 똑같은 거지. 안 건드려야지.

사람들한테는 때로는 건드리지 말아야 할 것들이 있고 지켜야 할 것들이 있잖아요. 우리한테 지켜야 할 것은, 나한테 지켜야 할 것은 이제 애들인데, 그 마지막을 건드린다고 하면은, 하지 말아야 할 것이지, 그것은. 학교 잘 다니고 적응 잘하면 되지 뭐. 공부, 공부 못해도 돼. 공부가 뭔 소용이 있어. 물론 거짓말 조금 보태서, 나는 이제까지 우리 집 가서 애들한테 공부하란 소리 한 번도 해본 적 없어. 인간적으로 시험 기간일 때는 "야, 시험 기간이니까 하다

못해 책이라도 좀 봐라" 한두 번 이렇게 이야기했지. 〈비공개〉

4
기억에 남는 유가족 활동

면담자　처음에 단원고 위원회 얘기로 시작한 게, 아버님 어저께 일정이 있다고 말씀을 해주셔서 궁금해 가지고 여쭤봤고요. 이제 전체적으로 하나씩 여쭤보고 싶은데, 1년이 지나서 2년이 다 되어가는데, 유가족 부모님들이 굉장히 많은 활동을 하셨잖아요? 그중에서 아버님한테 특히 중요하거나 기억에 남는 활동 먼저 얘기해 주실 수 있을까요?

혜원 아빠　구체적으로 이제 올라와서 가족대책위가 구성이 되고, 우리 애들이 학생이다 보니까, 총괄적인 그 지휘 팀이 구성이 되고, 학생이다 보니까, 학생들 위주로 하다 보니까 반별로 나눠진 거죠, 반별로. 그래서 나는 이제 어떻게 되다 보니까, 3반 대표를 맡으면서 가족들이 하는 건 거의 많았었죠. 첨에 그 KBS 보도국장 교통사고법 발언으로 해가지고서 KBS 농성하러 올라갔었고. 그다음에 청운동, 저 청운동 동사무소 앞에 가가지고 한 것도 있었고. 그다음에 국회 들어가 가지고, 국회에서 몇 달 간 있었죠, 우리가. 거기 국회에서도 거의 뭐 국회에서도 그때 있었고. 서명받으러도 대한민국 팔도 다 돌아다녔죠. 그렇고, 간담회한다고 또 엄청 돌아다녔고. 그렇게 하다 보니까 1년이라는 세월이 금방 지나갔네. 대표적인 게, 제일 기억에 남는 게, 지금도 제일 기억에 남는 것은, 그때 우리가 9박 10일인가, 10박 11일인가 해가지고서 릴레이, 18일 동안 17만[인가]? 9박 10일 릴레이 서명받은 게 있었어요. 나는 이제 A팀이어 가지고, 둘째 날, 셋째 날, 두 번째 팀이라서 포항에서 대구 거쳐서 청주까지 오는 코스를 맡았는데.

대구에서 너무나 고마운, 물론 모든 분들이 다 고마운데, 대구에서 진짜 감동적인 분 만났지. 애기 엄마였는데 어린아이의 엄마였어, 어린아이의 엄마. 엄마였는데, 첨엔 가족들이 그때는 우리 반이 안 가고 다른 반이 갔었지. 6반이 갔었나 몰라. 가족들이 대구 가서 서명할 때 자기는 서명만 했대. 서명만 하고 돌아서는데 너무 허무하더래. '내가 저분들을 위해서 뭘 해줄 수 있을까. 단지 서명만 해주는 게 무슨 의미가 있나?' 해가지고 그다음 날 부턴가? 애기가 둘인 걸로 알고 있어요, 갓난애기랑 어린애까지. 그 여름에 엄청 더웠잖아요, 특히 대구가. 우리나라에서 특히 더운 동네거든. 여름에 자기가 서명을 받으러 다녔대, '내가 서명을 받아주자' 해가지고. 그래서 혼자, 애기 하나 옆에 손잡고, [다른 하나] 업고서 그 여름에, 대구 여름 [날씨에도 불구하고]. 참 욕도 많이 먹었대. 근데, 했는데, 서명을 받았는데 처음에는 주위에서 뭐라고 하다가, 계속 하니까 나중에는 뜻이 있는 친구들 두 명인가가 같이 도와주고 해서, 우리가 갔을 때 서명지를 전달을 해줬어, 우리한테. 몇 명인 줄 아세요? 딱 만 명이었어요.

면담자　　　　개인들이 만 명을 모으신 거예요?

혜원 아빠　　　어. 애기 엄마 혼자서 한 거지, 나중에 친구들이 도
와줬지만. 우리 서명지가 한 면에 20명이 서명하게 돼 있는데, 20
명해서 500장 딱 묶음으로 해서 나한테 전달해 주는데, 도저히 그
걸 받는데, 눈물이 나가지고 견딜 수가 없는 거야. 너무 눈물이 나
서, 고맙고… 지금도 대구 들어가면 꼭 보는데 잊을 수가 없지, 절
대 못 잊지. 그 여름에, 그 더울 때, 만 명 서명받는다는 게 엄청 힘
든 거예요. 우리가 가족들이 나가가지고 우르르 몰려가 가지고서
막 첨에 서명받으러 간 데가, 내가 광주야. 광주 금남로 앞에 거기
제일 번화가 충장로인가? 금남로 제일 번화가에서 받는데도, 우리
가 광주에 내려가서 3시간 동안인가 제일 번화가 네 군데를 막고서
자판 펼쳐놓고 서명받았어. 사람들이 눈물 흘리면서 서명해 주고.
우리도 그렇게 해가지고 서명받고 했는데도 6000명 받아왔어, 진
짜. 그 나중에 조선대학교 학생들이 가져온 거, 서명지 받아온 거
다 합쳐가지고 9000 몇 백 가지고 올라왔는데. 그렇게 하루 종일
죽어라 발로 뛰고, 수십 명이 내려가서 해도 만 명을 못 받는데, 혼
자서 만 명 받았다는 것은 엄청난 거거든. 진짜 대단한 거야. 가장
기억에 남는 건 그거야, 내가 제일 기억에 남는 거.

　그리고 한 분은 또, 서명받으러 춘천, 춘천일 거야. 춘천 갔을
거야. 원주, 원준가 춘천인가. 원주였나? 헷갈리네. 원주 아니면 춘
천이야. 갔는데, 거기도 이제, 각 지역에 4·16 대책위가 있으니까
갔지. 갔는데, 도착했는데 갑자기 비가 쏟아지는 거야, 막. 그 사람

들도 미처 준비를 못 한 상태에서 비가 막 쏟아지니까. 서명대도 못 펼친 상태에서 춘천, 춘천인가 원주인가 우체국 앞에서 쭉 비 피하면서 있었어. '오늘은 서명 못 받는가 보다. 비가 이렇게 오는데' [하고 생각하고 있었어]. 그런데 아니더라고. 어떤 지나가는 시민분이 우릴 본 거야. 보더니 쫓아가 가지고서 뭘 갖고 왔냐면은 천막 접는 거 있어. 다리랑 해가지고 쭉 접히는 거, 빨리 설치 할 수 있는 거. 그거를 큰 걸 두 개를 가져와 가지고, 우리 서명 가판대에다가 쫙 핀 거야. 그니까 시민들이 비를 피해야 되니까, 비를 피하고, 피하려고 들어올 거 아니야? 그렇게 해서 서명을 받게 된 거야. 진짜 감동이지. 누가 그걸 생각이나 했겠어? 준비하던 사람들도 우왕좌왕 서 있는데, 그게 불과 10분 안에 이뤄진 거야. 막 쫓아가더니 그걸 갖고 와가지고 쫙 펼쳐주더라고. 처음에는 우리는 대책위원회에서 해준 줄 알았어. 근데 그분들도 아니래. 나중에 비 그치고, 그 서명대 걷으려고 할 때 오셨더라고. 고맙다고 했더니, 지나가는데 가족들인 거 같아 가지고 와서 물어봤더니 가족들이라고. 왜 왔냐고 했더니 서명받으러 왔는데 비 와서 못 받는다고 그 얘길 듣고 가져왔다고. '아. 이렇구나. 이게 우리나라구나. 이게, 이게 사람 사는 세상이구나'.

그리고 포항 갔을 때는, 포항에서는 끝나고 촛불집회하고, 그때가 습[습도]이 엄청 높아 가지고, 그게 흔히 말하는, 몸에서 육수가 흐른다고 할 정도로 몸에서 물이 줄줄줄 흐를 정도로. 끝나고 올라왔더니 우리 반 엄마가 "아유, 대표님" [그러더라고]. 우리 그때 기억

할란가 모르겠네. 우리 반은, 3반은 검은 티를 입었어. 등허리에 '3' 자가 써 있고, 그 3자 안에 우리 반 애들 이름이 다 적혀 있었어. 검은색이잖아, 옷이. 얼마나 땀을… 소금 자국이 등허리에 쫙. 그러니까 가서 버스 탈라고 하는데 애기 엄마라는 엄마가 오더니, 이거 꼭 받으셔야 된다고. 아니라고 하니까, 안 된다고 꼭 받으시라고. 돈은 아니야. 그게 뭐냐면 재래시장에서 쓸 수 있는 상품권이 있어. 그걸 12만 원인가 주더라고. "꼭, 꼭. 다니실 때 음료수 시원한 거 사서 드시라"고. 두 번, 세 번 거부하는데, 꼭 손에 쥐어 주는데, 손을 안 놔, 쥐어 주고는. 그래서 받았어. 받아가지고 왔는데, 고맙지, 너무 고맙지. 모든 게 다 고맙지, 나는 다 고맙지.

제주도 가서도, 가만 생각하니까, 진짜 서명받으러 안 다닌 데 없어. 제주도도 두 번이나 갔다 왔고. 제주도 비행기 딱 내려서 첫발 딱 내딛는데, 우리 그때 여덟 명, 아홉 명 갔나? 그냥 전부 다 눈물에서 눈물이 핑 돌았지. 여기를 오기 위해서 애들이, 애들이 여기를 오기 위해서 왔는데, 하는데 그냥… 하여튼 엄청나게 많이 돌아다녔네.

그렇게 해서 600만이 넘는 서명을 받아 왔는데, 600만 국민의 뜻이 허무하더라. 600만의 국민의 뜻이 단 한 명의 말에 의해 그게 산산이 부서질 때는, 이게 나라인가 싶지. 이게 나라인가 싶어, 허무해. 그 이후에도 간담회한다고 계속 쫓아다녔고. 그때는 미쳤었어. 몸이, 몸이 어떻게 되든 상관이 없었으니까. 정신이 없었으니까. 근데 그때는 그렇게 안 했으면 내가 미쳤어. 그렇게 지내다 보니까 1년이 후딱 지났어. 1주기 때는 제일 힘들었지, 4월… 힘들었지. 진짜 견디기 힘든 4월이야. 4월은 어떻게 견디고 자시고 하지도 못하겠어. 지금도 무서워. 큰일 났어. 다음 달이 4월인데, 4월이 오는 게 무섭다. 싫어요. 그래, 지금은 그게 제일 기억에 남았지, 그런 게.

5
참사 이후의 1년

면담자　　아버님 아까 1년이 단순하다고 말씀하셨는데, (혜원 아빠 : 단순한 거지) 네, 근데 어떻게 보면은, 처음 시작을 KBS 항의 방문으로 말씀하셨는데, 그런 경험이라는 게 사실 익숙한 게 아니잖아요. (혜원 아빠 : 그렇지) 부모님들이 그런 새로운 경험을 하는 게 와닿으셨어요? 뭔가 낯설다거나 무섭다거나 하진 않으셨어요?

혜원 아빠　　무섭고 그게 없었지, 그 당시에는. 지금도 마찬가지야. 무서운 건 없어. 나뿐만이 아니라 똑같애. 우리 유가족 부모나 어느 부모나, 자식 잃은 부모한테는 무서운 게 없어. 새로운 건 있을 수 있는데, 새로운 것도 [대하는 데] 겁이 없어. 그렇게 되면 우리가 어디 무서워서 국회[에서 경찰들이] 막는데 국회 담 넘어서 들어가고 그랬겠어? 아니, 무서운 것은 진짜 없어…. 죽음도 안 무서워. 내가 첫날 얘기했을 건데, 내가 살아가는 게, 지금 뭐 그냥 너무 애가 보고 싶어 가지고, 보러 갈 마음도 있을 정도예요. 근데 우리는 겪었잖아, 자식 잃는 아픔이 얼마나 큰 아픔인지. 나는 어머니[가] 계셔. 내가 만약에 잘못되어 봐. 젊은 사람, 젊은 사람들도 있긴 있는데 나이 드신 분들은 못 버틴다니까. 가뜩이나 몸도 안 좋으신데 어떻게 버텨. 그게 제일 먼저였어. 내가 우리, 남아 있는데 애들, 물론 뭐 생각 안 하는 건 아니지. 걔들도 걱정되고, 걔들도 참 내가 지켜야 되는 자식이고 하지만 1차적인 건 우리 어머니였다니까. 엄밀히 순서를 따지면 우리 어머님한테는 손녀들은 2차야. 내 새끼가 우선이지. 똑같은 거야. 나한테는 부모님은 2차야, 내 새끼가 우선이지, 그치? 그 때문에 이렇게 아픈 거야. 하지만 내가 내 새끼가 너무 보고 싶다고 해서 내가 잘못된 선택을 하면 우리 어머님은 쓰러져. 평생, 한평생 자식들 땜에 고생하시고 그리고 이제 쉬셔야 하는 나이신데. 그게 무섭고 한 건 없어. 단순한 거, 근데 이게 단순한 삶이 맞을 거야….

사고 1년하고 2년은 틀리지. 사고 난 직후 1주기까지는 몸이 허락을 하든 말든, 정신력으로 갔던, 어쨌든 간에 갔는데, 1주기 지나서부터는, 1주기 지나서부터는 조금 틀이 바뀌지. 나도 이제 반대표 그만두고, 1년이 지나면서 가족들은, 가족들 중에 대부분은 자기 일터로 돌아갔고, 또 한두 명이지만 우리나라를 떠난 사람도 있고, 안산을 떠난 사람도 있고. 완전히 잊고 사는, 잊지는 못하겠지만, 가족협의회 이쪽과는 연을 많이 정리해 가지고 저기한 사람도 있고. 왜냐면 250 가정이 다 똑같을 수는 없거든. 계속 활동하고 하는 사람은 활동을 해주고. 워낙 할 일이 많잖아. 아직 수습되지 않은 사람들 찾느라고 계속 진도 왔다 갔다는 해주는 팀도 있고. 지금은 인양하는 거 지킨다고 동거차도 가서 하는 사람도 있고. 아직도 간담회 계속 진행하고 있기 때문에 간담회 계속 따라다니는 사람도 있고. 또 특조위 가서 활동하는 거 보고하는 사람도 있고. 활동이라는 게 무지하게 많아졌어, 열거하면 뭐. 인원은 이제 줄어들고, 활동하는 사람은 줄어들고, 할 일은 많아지고. 일하는 사람들은 바쁘게 움직이고, 사람들마다 각자 힘든 상황에 대해 대처하는 방법이 틀리다 보니까, 누구는 일하면서 있는 사람도 있을 수 있고.

근데 내 주위에도 많은 사람들이 직장을 갔다가, 복귀했다가 그만두고, 못 견디고 힘들어서. 또 한편으로 그런 것도 있을 거예요. 나는 일하는, 돈 버는데, 다른 부모들은 여기저기 쫓아 일하니까 미안한 마음도 있고. 모든 게 중첩되었겠지만, 하여튼 그만둔 사람들이 많아, 대부분이고. 나처럼 아직까지도 정신 못 차리고, 무얼 해야 할지도 모르겠고. 예전에 내가 밤에 대리운전 했다고 했잖아요? 지금 운전대 잡는 것도 선뜻… 겁이 나고 그런 것도 있고, 약간. 그래서 아직까지도 참… 갈피 못 잡고 왔다 갔다 하는 사람도 있고. 방황한다고 보면 돼요, 방황이라고. 내가 생각해도 방황 같기도 해, 왔다리 갔다리 하면서. 하루하루 의미 없게 보내는 것 같기도 하고.

제일 힘들었던 거는, 내가 원래 잠이 참, 잠성이 좋아. 어딜 갔다 봐도 머리만 딱 닿으면 나는 자는 사람이었어. 근데 불면증 때문에 밤새도록 잠 못 자고…. 진짜 그런 날이 많았지. 밤새도록 잠 못 자서 헤맨다고 해야 되나? 아침까지 있다가 낮에 한 두어 시간 자고 나면 그게 끝인데, 너무 꿀맛 같은 잠을 자는 거지, 단잠을. 실질적으로 좀 창피한 일인데, 내가 두 번이지? 지각했잖아? 이것도, 어제 같은 경우만 해도 내가 시계 본 게 4시, 4시 반까지 보고 바로 잠들진 않은 것 같애. 어떻게 하다 잠들었는데, 아침에 우리 애들 학교 간다고 해서 태워다 주고 와서, 씻고 밥 먹고 있다가 TV 보다가 잠깐 잠들었는데, 이제 좀 2시 넘어서였지. 이렇게 되면 또 오늘 하루 종일, 또 이제 잠 못 자는 거지, 밤에. 특히 밤에는 아예 잠 못 자고 그런 케이스예요, 잠 못 자고. 근데 나는, 나 같은 경우에는 불면증, 근데 불면증 호소하는 사람들이 많더라고 의외로, 가족들 중에.

지금 가족들 생활하는 거는 거의 그런 식인 것 같애요. 일하는 사람은 일하고, 활동하는 사람도 활동하고. 활동도 안 하고, 일도 안 하지마는, 뭐 그냥 정신 못 차리고 왔다 갔다 하는 사람도 있고. 그런데 뭔가 일이 잡히면 우르르 몰려 나갈 수 있는 그런 건 되어 있지, 돼 있는데 빨리 좀 나도 뭐를 해야지. 우리 애들 이제 학교 가서, 고등학교 2명, 3명이나 있는데 대학교 갈 거 생각하면 지금이라도 다시 일을 시작해서 한 푼이라도 벌어놔야지. 지금도 그게 현재 가족들 생활인 것 같애요, 내가 봐온. 내가 내 주위에 있는 가족들 봤을 때는, 그냥 아픔을 달래려고 미친 듯이 일하는 사람도

해원 아빠 유영민

있고, 너무 힘들어서 그만둔 사람도 있고, 활동할라고 여기저기 쫓아다니면서 바쁘게 움직이는 사람도 있고. 내가 볼 때는 바쁘게 움직이는 사람들이 제일 현명한 사람들 같애. 의미 있게 활동하면서, 어쨌든 간에 아무것도 못 하고 있는, 나처럼 있는 사람이 제일 바보 같애. 알면서도 실천 못하는 건 더 바보고.

면담자   아버님, 불면증 말씀하셨는데, 혹시 의학적인 도움을 받으시지는 않으셨어요?

혜원 아빠   안 받았어요, 안 받았었고. 모르겠어요, 그냥. 버티고 또 이렇게 자면, 하루… 분명 24시간 안 자버리면, 다음 날 밤에 자겠나 싶었는데, 그러면 다음 날 밤에 자는 게 아니라, 어떻게든 못 버티니까 체력이, 낮에 자게 되더라고요, 1, 2시간씩. 그렇게 잠안 자도 또 밤엔 잠이 안 와. 그게 작년에 좀 나아졌다 싶었는데 한두어 달 나아진 것 같았는데, 또 그렇게 시작하네, 아주. 아마 봄이지, 3월이지, 솔직히 봄이거든. [봄이] 시작되면 더 그러는 거 많을 거야, 특히 4월 달엔. 진짜 나만 그런 줄 알았더니, 달력에서 4월을 지우고 싶은 사람들이 너무 많더라고. 우리 애들이 벚꽃 필 때, 학교, 학교 앞이 다 벚꽃나무라, 벚꽃 필 때 떠나가지고 부모님들이 벚꽃을 싫어해. 벚꽃 필 때는 벚꽃이 안 보이는 곳에 가서 살고 싶어 하더라고. 우리나라에 벚꽃 안 보이는 곳이 어딨어.

면담자   아버님 그럼 잠을 못 주무시는 거나, 감정적으로 힘들다거나, 그런 거에 있어서 의료적인 도움을 받고 싶다는 생각을 해보신 적은 없으신가요? 그런 의료적인 도움에 대해서는 어떻게 생각하세요?

혜원 아빠　　　의료적인 것은, 가족들한테는 의료적인 혜택은 있었어요, 계속. 뭐 사고 직후에는 뭐, 어떤 직계가족에 한해서는 웬만한 사고와 관련돼서 치료받는 것에 있어서는 다 지원은 해줬었고 그랬는데, 지금은. 그런데 그런 생각 한 번도 안 해봤어요. 아니, 뭐 잠 못 자는 거는 수면제 사다 먹고, 신경안정제, 수면제 같은 거 먹으면 되겠지만, 그걸로, 그렇게까지는 하고 싶은 마음은 없었고, 그렇게 안 했어요. 근데 왜 그러냐면 나는 우리 애 사진을 그림으로 크게 그려다 논 게 집에 있어요. 다른 게 아니야, 애 보고 싶어서, 애가 보고 싶어서 그런 거지. 이 나이 먹도록, 우리 아버님 돌아가실 때도 그렇게 못 느꼈는데, 나는 이 그리움이 이렇게 아픈 줄은 몰랐어, 그리움이……. 그리움이 세상에서 젤 아프더라고. 우리 애 보고 싶은 마음이. 우리 집사람도 내색은 안 하지. 나한테 내색은 안 하고, 다 그렇지만, 다 각자 그렇게 하겠지. 그 사람이라고 애가 안 보고 싶겠어. 너무 보고 싶어 가지고, 보고 싶은 생각이 너무 간절하니까 아프더라고. 그게 어떤 통증 있는 아픔이면 좋겠어. 통증 있는 아픔이 아닌 거야. 여기서는, 머릿속에서는 막 애가 생각나고 보고 싶은데, 가슴이 아려. 이게 참 우리나라 말 표현이, 이 가슴이 아리다는 말이 어떻게, 내가 어떻게 아리다는 말이 표현이 맞는지 모르겠어. 뭔가 답답하고 가슴이 미어져 오는 것 같기도 하고 막 숨 쉬기는 힘든 것 같은데 통증은 없고. 그니까 너무 힘든 거야. 차라리 어디가 아프면 아프다고 얘기라도 하겠는데, 아니니까, 막 이렇게 아프고 그렇게 답답하고 하니까… 그리워요. 보고픔이라는 게 이렇게 힘들고 아프고, 그런 진짜 [참기 힘든 고통이더라고]. 근데 그거를, 이건 어디 가서 말도 못 해.

애 보고 싶으면, 우리 애 서울에 있으니까, 납골당 가면 여기서 1시간이면 가. 가면 되는 건데. 가서 애 보는 거는 잠깐이야. 한 20분? 근데 그거를 하고 와야 돼. 그거를 하고 오지 않으면 허무하고, 허전해, 미안하고…. 저번 주 수요일 날 못 가서 너무 답답한 거야. 주말마다 갔거든, 우리 애 보러. 하루, 한 주 빼먹으면 미안해 막. 진짜 뭐 죄지은 것 같고, 뭔가 해야 할 일 안 한 것 같고. 근데 그렇잖아. 애들을, 동생들 맨날 애들을 데리고 가면 애들도 뭐 주말에, 학교 다니면 주말에 친구들도 보고 싶고, 친구들 약속도 있고 한데, 애들 맨날 데리고 갈 수는 없잖아. 근데 내 입장에서는 애들이지 언니나 누나를 잊고 사는 게 싫거든. 그럼 데리고 가야 돼. 그건 어쩔 수 없는, 2차적인 문제고. 하루를 어떻게 해서 못 가고 그러면은 너무 미안하고 아파, 진짜. 근데 그것도 누구 말마따나, "너무 자주 가지 마라, 너무 자주 가면 우리 애가, 애가 이쪽에 미련을 못 버리고 좋은 데 못 간다"[고] 얘기를 하는데, 그것까지 생각을 안 해봤어. 그거까지 생각을 안 해보고, 내가 보고 싶으니까. 근데 가봤자 이게 그냥 납골함이잖아. 근데 교실은 틀려. 교실은 보고 싶을 때 가는 게 아니야. 내가 운영위원회 있거나, 회의 있거나 어쩌다 갑자기 생각나서 교실 가보면은 거기서 갑자기 막 서러움, 서러움이라고 해야 하나? 뭐 이런 게 꽉 폭발을 해버려. 가슴에서 나도 모르게 막 통곡이 나와버려. 그래서 내가 저 틀리다고 했잖아. 교실하고 틀린 게, 애 보고 싶을 때는 진짜 애가 있는 데로 가면 되는데 어떨 때는 교실로 가면 거기서 갑자기 나도 모르게 여기서 막 탁 터져. 가슴에서 막 올라와 터져가지고 막 그냥 탁, 막 혼자. 누가 보면 미친놈이지. 그렇게 되더라고.

남들은 이런 아픔을 좀 안 겪었으면 좋겠어, 진짜. 이 그리움 속에서 나오는 이 아픔은, 어떻게 사람을 혼을 빼놓는 거야. 그리움 속에서 나오는 아픔은 혼을 빼놓는 아픔이야. 사람이 멍청해져, 생활 자체에서. 내가 새벽에 잠 안 오면 이렇게 우리 애 보겠지, 사진을. 탁 보고 있으면 우리 애가 나를 탁 보고 있다. 진짜 나를 보고 있어요. 그림인데도 진짜 정밀하게 그려가지고, 이렇게 보고 있어요. 똑같은 말을 해, 우리는 항상. "미안해, 미안하다, 딸 미안해. 딸 보고 싶다. 딸 사랑해". 요건데 거기다 더, 더도 말고 덜도 말고 딱 그거야. "미안해, 보고 싶다. 사랑해"야. 그러니까 이거 사진인데도, 그림인데도 만져. 이렇게, 이렇게 만져보면. 근데 눈에서 자꾸 나한테 무슨 말을 하는 것 같애. 그게 사람이 이제 미쳐버리고 돌아버리는 거지. 그런 거 같애. 그런 생활이야 다 똑같겠지만.

혜원 아빠 유영민

6
참사 후 가장 위안이 되었던 것

면담자 이미 말씀해 주신 거 같긴 한데, 가장 위안이 되는 점, 위안이 되는 활동 같은 것은 어떤 게 있으신가요?

혜원 아빠 위안이 되는 거는, 가족들한테나 나한테 위안이 되는 것은 없지, 뭘로도 위안을 줄 수는 없어요. 단지 우리 아픔을 같이 아파하고, 거기에 동참하면서 우리한테 희망을, 힘을 실어주시는 분들이 계시잖아요. 큰 예로 각 대한민국 각지에 퍼져 있는 세월호대책위나, 아니면 굳이 그게 아니더라도, 우리를[와] 뜻을 같이, 같이, 같이, 같이, 같이, 뭐 배지도 달아주고 리본도 매주고 하는 분들, 그분들 만나면 좋지요. 동병상련이라고, 같은 아픔을 가진 사람들이 서로 의지하곤 한다고, 가족들은 가족들끼리 있으면 편안해 해요. 그러나저러나 그렇게 한번 만나면 좋아요. 그게 위안이라면 위안일 수 있지, 다른 걸로 위안을 어떻게 받아. 가족들이 하는 활동, 가족들이 열심히 하는 활동은, 위안이라기보다는, 이제 내가 참여 못 한 것에 대해 미안함도 있지만, 고마움도 있는 것뿐이고. 나를 위로해 주고 위안이 되는 것은, 아까 말했던 그, 서명받으러 다닐 때, 서명지 전달해 준, 같이 아파해 주고 [했던 분들]. 지금 같은 경우에는 뭐, 하다못해 페이스북에 같이 서로 리본 달고서, [같은] 입장에 서서 쳐다보고, 같이 아픔에 동조해 주고. 또 가끔씩 전화하고 만나서 얘기하면서, 그니까 그런 사람 만나서 위안이

145

3회차

지, 고맙고, 감사하지.

하여튼 특별히 위안을 받는 것은 없어요. 제일 큰 위안은 가족들이야. 가족들끼리는, 누가 보면 미친놈이라고 할지 몰라도, 우리 저 분향소 때, 가족들 대기실에 한창 사람 많을 때는 가족들끼리 있으면 막 웃었어. 우스운 얘기도 진짜 잘해. 밖에서 들으면 '저것들 가족들 맞아? 슬퍼해야 할 사람들 아니야?' 이렇게 생각할지도 모르겠는데, 만약 슬퍼한다면 못 참지. 딴 데 가서는 농담을 못 하더라도, 가족들 있으면 농담을 해, 재미난 이야기도 하고. 남자들끼리 있으면 좀 야한 얘기도 하고, 해요. 근데 그 순간, 그 자리를 벗어나는 순간, 1차 때도 이야기했지, 아마? 머리 숙여지게 되고, 고개 숙여지게 되고, 내가 죄지은 것도 아닌데, 좀 사람들을 피하게 되기도 하고 그런 거죠.

7
참사 후 가장 분노했던 것

면담자　　　한 가지를 꼽을 수 있을지 모르겠지만, 가장 화나게 하는 점은 어떤 건가요?

혜원 아빠　　　화나는 것도 많았죠. 진짜 많았지. 우리 가족들을 젤로 화나게 하는 것은 이 나라 대통령이야. 혈압 터져서 죽게 만드는 건 대통령이야. 아마 그 여자는 우리 국민들, 우리 유족들 다 죽어 없어지길 바라는 여자 중에 하날 거야. 그게 제일 화나. 진짜로 화나. 내가 죽여버리고 싶어. 크게 얘기하는 거야. 그리고 그 밑에 가 그× 명령받고서 움직이는 새누리 국회의원 새끼들. 다 죽여 버리고 싶지. 씹어 먹고 싶어. 그리고 언론이라고 떠들어 대는 그 쓰레기, 기레기라고 그러지, 기레기. TV조선, MBN, 채널A 이런 새끼들, 쓰레기 중에 쓰레기지. 그런 게 화나는 거야. 진실을 제대로 얘기 안 하니까 화나. 책임감 있는 사람들이, 책임감 있는 자리에서 책임감 있는 짓을 못 해. 너무 화나. 다른 거로 화나는 거는 소소한 거야. 가족들끼리 뭐, "가족들 협력위, 가족대책위 와서 일 안 한 다" 가족들끼리 욕하고 그러는 거, 이런 건 소소한 거야. 소소한 거에서도 화를 내지만, 그 화는 어느 시간이 되면 잊혀지고 사라져. 근데 대의적 차원에서 화를 내는 거는, 쌓여. 아프지마는 아픔을, 아픔을 달래주면서 통감하고, 지네가 책임자고 그거를 해소해야 할 새끼들이 그걸 감추고 외면하고 돌아서는 거 보면은 화나. 그래서 이 나라가 싫은 거.

그런데 우리나라 국민들을 보면 내가 빚, 빚이, 받은 게 너무 많아서 고개가 숙여지지. 그게 참 희한하지, 그게 제일 그런 거 같애. 그리고 어느 순간 나한테는, 이제 늘 기삿거리를 항상, 이렇게 검색하는 버릇이 좀 생겨가지고. 핸드폰, 핸드폰 다 있잖아? 딱히 뭐 인터넷 다 되니까 다음, 네이버는 쳐다도 안 봐, 네이버는. 다음 딱 들어가서 다음에 나온 기사들 다 읽어 보면⋯. 기사만 읽어. 댓글은 안 봐. 댓글은 우리 싫어하는 사람은 싫어할 수도 있고 좋아하는 사람은 좋아할 수도 있지만. 댓글은 상처야, 안 봐. 기사만 읽어. 근데 기사도 딱 보면은 소속이 나오잖아. 확실히 티가 나. '이런 개떡 같은 기사네' 딱 보면은 딱 그쪽이야 조선일보나 동아, 조중동 아니면, 그쪽 계통 애들이야. 그래도 읽어, 알아야 되니까. 알아둬야 되고. 그래서 내가 아까 첨에 얘기했잖아. 책임감 있게 책임을 지고 문제를 해결해야 할 것들이 문제를 감추고 외면하고 진실을 덮으려는 그런 게 제일 승질나는 거야, 제일 화나고. 소소한 화는, 일상 속에서 나는 화는, 아까도 얘기했지만, 욱하는 순간 잊어갈 수도 있고, 그거는 뭐 내가 스스로 받아들이고 해소할 수가 있는 건데, 내가 해소하지 못하는 화가 있잖아. 나로서는 감당이 안 되는 화, 그러나 내가 그걸 받아, 받아들이지도 못하지만 그걸 거부하지도 못하는 그런 화는 너무 힘들어.

면담자   조금 연결되는 이야기일 수도 있을 것 같은데요. 아까 서명받으러 다니실 때 시민분들 이야기를 해주신 게 인상적이었어요. 그런데 반대로 국회에서의 활동은 사실 시민들을 만나는 게 아니고, 나를 막는 사람들, 그리고 지금 분노의 대상들이 가까이 있잖아요. (혜원 아빠 : 국회 갔을 때 얘기하는 거죠?) 네. 그 경험이 어떻게 다른지, 아니면 국회 활동에 대해서 조금 더 이야기해 주세요.

혜원 아빠   국회 갔을 때는, 우리가 그쪽 사람들, 국회의원들한테 뭐 서명을 받거나, 뭐 아니면 그때는 특별법을 빨리 제정해 달라고 농성하러 갔었던 거였고. 참 드럽고[더럽고] 치사하지만 어쨌든 꼴 보기 싫어도 국회의원 애들이 법을 만드는 애들이잖아요. 국회의원들은 애들이라고 [지칭]하는 것도 감사해야 돼. 국회 개새끼들이라고 안 하고. 그러면 국회의사당이 지네 집, 결론, 지네 직업이고 지네 회사야, 따지면. 그죠? 그러니까 지네 나름대로 국민이 선출한 사람들이라고 목에 힘주고 다니는 새끼들 아냐. 이 새끼들이 얼마나 간사하냐면, 누가 나한테 물어봤어 "아니 왜 자꾸 야당으로만 편을, 힘을 가냐? 왜 야당으로만 치우치냐, 가족들은". 우리가 치우친 게 아니야. 새누리 새끼들 지네들이 먼저 가족들한테 다가와 가지고, "진상 규명해 주겠다. 책임지고 처리하겠다"[고] 지네가 약속했어, [지네가] 다가왔어. 우리가 왜 거부를 해, 집권 여당인데, 힘 있는 놈들인데. 걔네들은 우리를 외면했어. 그래 가지고 여당이 외면하면 어디로, 어디로 가? 당연히 야당밖에 없잖아. 그래서 야당, 야당으로 간 거고. 붙었다기보다는 야당 쪽으로, 그럴 수밖에 없던 거고.

우리가 국회에서, 처마 밑에서 한 3, 4개월 있었어. 있었는데 내가 만약에 국회의원이라면 난 떳떳하게 가겠어, 죄지은 게 없으면. 걔들 가족들 앞을 못 지나가대. 지네 직장 들어가는 데 정문을 못 지나가. 뒤에다 차 대고서 끄적끄적 올라가. 내가 첫날 얘기했잖아. 그런 게 무슨 국회의원들이야? 그게 무슨 새끼들이야? 아마 국회의원 새끼 중에 나랑 같이 앉혀놓고 시국 토론하라면 나보다 말 못하는 새끼 더 많을걸. 사람들이 그 자질이 없는 것 같애. 우리가 지들을 때리기를 해, 뭐를 해, 왜 못 지나가냐고, 우리 앞을. 내가 거기, 나 거기 거의 매일 있다시피 했어. 거기서 잠, 잠잔 것도 엄청 많고, 거의 뭐 일주일씩 가[서], 일주일씩 있다 오고 그랬었는데, 여당 국회위원 놈들은 본 적이 없어, 거의. 다 밑으로 다녀. 떳떳하지 않은 거지. 지네가 떳떳했어 봐, 왜 피하고, 왜 도망가? 왜 지네 직장, 지네 정문으로 왜 못 들어가? 아니 일부러라도 지나가겠다, 일부러라도. 지네가 국민들 아픔을 어루만질 생각이라면, 지나가면서 "죄송합니다", 빈말이래도 "죄송합니다", 가족들 앞에서 고개라도 꾸벅 숙이고 지나가면 안 그랬을 거야. "야, 새누리에도 저런 사람 있구나" 이렇게 이야기했을 거야, 진짜로. 누가 욕하냐고.

우리 가족들 폭력적이지 않았어. 국회에서는 농성이었지 활동이 아니었어. 그러다 보니까 이제 첨에 한 달, 두 달까지는 나도 이제 새누리 놈들이 지랄 지랄을 하니까, 우리 국회의장이 가족들 통제시켰지, 통제시켰어도 어떻게 어떻게 들어갔지만. 우리 아이들은 새누리당 새끼들이 지랄 지랄 발광을 해가지고 못 들어가게 막아가지고 힘들게 했는데, 거기서 시비도 많이 붙었었고, 나도 정문에서 지랄 지랄해서 시비도 붙었지만, 그렇게 해서 활동은 그거야, 별거 없었어. 거기는 차라리 특별법 때문에 농성했으니까 그렇지, 아니었으면 나는 가지도, 거기 가서 난 오줌도 안 눴지. 그런 쓰레기 놈들한테서 뭘 바라고, 뭘 저기를 해.

물론 국회의원들 중에 몇몇은 뜻있는 사람 있잖아. 어제 봐, 어제 같은 경우도 김광진 의원 그 필러버스터[필리버스터]하면서 5시간 몇 분이야. 김대중 전 대통령 기록도 깼잖아. 혼자서 5시간 필러, 혼자서 말한다는 게 쉬운 게 아니거든. 그렇게 간간히 뜻있는 국회의원들 있어. 반면에 뭐, 똥오줌 못 가리고 인기에 영합해서 나오는 사람들 있고. 그런 거 보면은 좀 안타깝고, 아프기도 하고. 우리나라는 정치개혁이 확 이뤄지지 않는 이상 힘들어. 이 시대를 살아가는, 그냥 우리 세월호를 떠나서, 이 시대를 살아가고 있는 우리가 가장 활동적인 나이죠? 한 사람으로서 보면은 정치개혁이 확 일어나서 뒤집어지지 않는 이상 힘들어, 뒤집어야 돼. 뒤집어서 후손들한테 물려줘야지 나라가 바로 서지. 안 그러면 나라 말아먹게 생겼어. 느낌이 그래요.

면담자   활동이라고 제가 통틀어서 표현했는데, 아버님이 이제 농성, 그건 다른 거라고 생각하시는 것 같애요.

혜원 아빠   그렇죠. 농성도 활동인데 거기서는 특별히 어떤 그 느낌을 받았거나 그런 게 없는 거지. 왜냐면 내가 얘기했지만, 첨에 진짜 서명받으러 다닐 때는 많은 분들한테 감동도 받았고, 눈물도 받았고, 격려도 받았지만, 국회에서 돌아온 건 냉대와 멸시뿐이잖아, 받은 게 없잖아. 하다못해 다가와서 우리 가족들의 아픔을 어루만져 준 것도 없잖아. 나는 그런 것들이 국회의원이라는 게 더 슬픈 거고, 더 아픈 거야. 뭐를 만져주고, 어루만져 주고 아파[해] 주고 달래주고 하는 게, 원래 그러라고 있으라는 자리 아니야, 그 자리가? 아닌 건 아닌 거지. 물론 농성도 활동 중에 하나야. 근데 우리가 서명받으러 다니고 간담회하고 이런 활동하고 비교한다는 것 자체는… 싫어. 그거는 어떻게 뭐랄까, 비교할 걸 비교해야지. 나는(한숨) 그냥 싸그리 그냥, 싹 다 잡아다가 물에다가 수장해 집어넣어 버리고 싶어, 시발놈들, 국회의원이라는 새끼들. 그래도 또 총선 때는 선거는 해야 되겠지. 그게 안타깝지, 새누리를 이제 쓸어버려야 되는데.

면담자   좀 비슷한 맥락일 수 있을 것 같은데 광주법원에서의 경험은 어떠신가요?

혜원 아빠   광주법원은 내가 많이 안 갔어요. 거의 안 가가지고 잘 분위기는 모르겠는데. 나는 이 세월호 사건뿐만 아니라 다른 사건들도 그렇지만, 대한민국 법원 자체도 소신 있게 판결하는 법원이 없다고 봐요. 처벌받은 사람들이 없잖아. 250명이 죽었는데, 처벌받는 놈들이 없잖고. 뭐 하나 책임지는 게 없고. 법원에서 참, 검찰에서도 참, 사법부가 독립되었다는 것은 명분상 독립이고 실제상으로는 종속관계야. 행정부 종속이야. 지네 소신에 의한 판단이 없고, 소신에 의한 수사가 없잖아, 응? 거기에 대해서 더 이상 할 말도 없어. 더 이상 무슨 말을 해? 그렇게 판결이라고 하고. 외국에서 보면 웃을 일이야, 쪽팔릴 일이고. 어떻게 250명이, 정확히 304명이 죽은 사고에서, 사고를 책임지고 저기하는 사람이 없냐고. 엄밀히 따지면 대통령 탄핵도 받아야 할 사건이야, 이거는. 근데 왜 말 한마디에 모든 걸 덮어버리고, 모든 걸 숨겨버리고. 거기에 따라서 이게 바른 판결이라고 하는 것들, 이러면 대한민국 법 자체

혜원 아빠 유영민

를, 이제 앞으로 거의 뭐, 물론 힘이 없으니까 또 뭐 어떻게야 [못] 하겠지만 존중하고 싶은 맘은 없어. 그라고 검찰도 존중하고 싶은 맘이 없는 게 앞잡이처럼 똑같애. 사법부가 행정부 따까리하고 있는데 무슨 뭐, 무슨 말을 해, 더 이상. 삼권분립이 존재하지 않는 나라야. 똑같이 입법부는 안 그래? 입법부도 행정부 수장 말 한마디에 어? 쪼르륵 왔다리, 쪼르륵 갔다리 하는 게, 입법, 행정, 사법이 뭐가 분리가 되어 있어? 하나도 안 되어 있지. 주동아리만 나부리고[나불대고] 이론상으로만 떠드리는[떠드는] 말이지. 그게 난 내 생각이 그래. 거기에 다 들어가 있어. 법원이나 판결 사항에 대한 뭐 불만이나 그런 건 거기에 다 들어가 있는 거야. 존중할 만한 가치도 없지.

8
참사 후의 아쉬웠던 점

면담자   아버님 혹시 1년 넘는 시간 동안 활동이나 삶에서 스스로 아쉬운 점이나 후회되는 점도 있으신가요?

혜원 아빠   아쉬운 거. 우리가 사고 직후 좀 더 알았다면, 좀 더 민첩하게 체계적이게 대응했으면 지금보다 더 낫지 않았을까. 교실 문제도 그렇고, 특별법 문제도 그렇고, 가족들 뭐 배·보상 문제도 그렇고. 차라리 진작 달려가서 미리 대처를 했으면, 궁리를 해서 빨리빨리 대처를 했으면 하는 게 아쉽지. 그때 당시에 아무것도 모르고 그냥 우르르 몰려가서, 우르르 다른 거 신경 못 썼지만, 지금은 생각해 보면, 그때부터라도 이런 거 미리 생각해서 이렇게 움직이고, 저렇게 움직이고 했으면, 모든 면에서 지금으로서는 좀 낫지 않았을까….

면담자   구체적으로 어떤 것을 좀 더 알았으면 나았을 거라고 보시나요?

혜원 아빠   그중에서 단원고 그 교실 문제도 그래. 사고 직후에 학교 자체에 [대해서]나 교실 문제에 대해서 논의가 있었으면, 지금처럼 문제가 되지는 않았을 거라는 거지. 그때 당시에 바로 준비를 했으면, 논란이 되기 전에 새로운 방법을 찾았을 거고, 새로운 대안을 찾았을 거고, 그러다 보면은 이렇게 지역 갈등이나 소모전 같은 거는 하지 않았을 거고, 문제도 일어나지 않았을 거고. 특별법 같은 경우에도, 우리가 사고 직후 국민들의 뜻이 우리들한테 많이 기울어졌을 때 했으면, 바로 추진했으면, 급하게 서둘러 시작을 했으면, 외국이 무서워서라도 바로 만들어졌을 텐데. 그것도 그렇고, 이 외에도 뭐, 그니까 사람이 시간이 지나면… 그래서 가끔가다 그 생각을 했어. 이런 일이 절대 일어나지 않아야겠지만, 진짜로 일어난다면, 또 일어나게 된다면, 아프지만 그분들 찾아가서 위로라도 해주고 하겠지만, 대책에 대해서 빨리 논의해 가지고 문제를 해결하는 게, 지레짐작으로 일어날, 나중에 문제가 될 부분 대해서는 빨리 캐치를 해서 대응책을 찾아야 된다는 것을 제시해 줘야 되지 않을까.

쉽게 말해서 대구참사, 대구 지하철 참사가 일어나고 그때, 올해가 12년째죠. 그때, 그 대구시장이, 조해녕이가 그 현장을 그냥 밤에 물로 그냥 쓸어버렸어요. 그거 알죠? 근데 대구참사에 계셨던 분 중에, 대구참사대책위가 세 군데가 있어요. 거기가 이렇게 갈라진 거야, 거기가. 이 사람들이 한 군데 있었어요. 그중에 와가지고 자기네들이 실수했던 점들을, 미리 감지하지 못했던 이런 것들을 알려줬으면 우리가 대처하는 데 좀 낫지 않았을까 하는, 그런 생각을 가끔 해. 그분들을 원망한다는 그런 게 아니고, 그런 게 있었으면 좀 됐지 않았을까. 왜냐면은 그 사람들이 대구시로부터 엄청난 기만을 당했고 엄청나게 저기를 당했거든. 뭐냐면 그 추모공원 만들어준다고 해가지고, 희생자들을 그 어떤 수목장식으로 해준다고 해가지고서, 얘기가 안 돼서 대구시장 말만 있고서는 몇몇 가족들이 수목장한다고 나무에다가 애들을, 자기애들, 자신의 자녀들, 가족들, 그리고 봉분을 갖다가 묻었는데, 나중에 그게 고소를 당했죠. 모르죠? 고소당했어요. 그래서 또 대구시 말 듣고 했는데, 이렇게 했는데 대구에서는 그런 말 했던 적 없다고 해가지고, 이거는 뭐 시민들이 공원인데 저렇게 수목장한다고 해서 고소를 당했어요, 그 사람들이. 대구는 지금 추모공원 없잖아요, 지하철 참사 추모공원도 없잖아요. 원래 그거 해주기로 했던 거야, [근데 지금] 없고. 그때 대구 지하철에 들어왔던 성금 몇십 억인가가 지금도 아마 대구 거기, 그 저기 통장 속에 잠자고 있거든, 아마 금고에서. 왜냐면 대구대책위, 대구지하철참사대책위가 세 군데로 나눠지면서, 어디 한 군데로 통합돼서 운영되어야 되는데, 한 군데로 통합이 안 되니까 어떻게 할 수가 없는 거야. 그니까 그분들도 그게 안타까운 거야.

이게 뭐냐면 정부의 조작인 거야. 우리도, 우리도 가족대책위 와해시키려고 여러 번 조작이 있었고, 별의별 거 다 있었고. 그때 저쪽 인천하고 우리하고 트러블 있었잖아요? 그래도 우리는 부모다 보니까 뭐 흩어지지도 못한 거지. 우리가 일반인이었으면 흩어졌지. 일반인이었으면 흩어졌어, 진짜로. 200, 단원고생만 250명인데, 일반인들이었다면 우리도 흩어졌어. 삼삼오오되었을 거야. 사분오열했을 거야. 근데 우리는 학부모고, 엄마 아빠다 보니까 흩어질 수가 없었던 거지. 애들이 한 학교로 묶여져 있잖아. 그게 예전에 우리 저기 유경근 집행위원장이 그런 말 했어. 여러 번 공작이 시도되었대, 국회에서, 가족들 와해시키려고. 안 된다 이거지, 이것들은, 이 가족들은 흩어지는 게 안 된다. 왜? 하나거든. 단원고 학부형이라는 그 엄마, 아빠라는 거에 묶여 있기 때문에 와해가 안 되다 보니까. 근데 그때 대구에서 겪었던 분이 와서 바로 얘기되었으면, "이렇게 이렇게 처리해요" 우리가 해야 할, 나아갈 방향 제시만 해줬어도 지금보다는 좀 낫지 않았을까 그런 거죠. 웃겨요, 웃긴 게 뭐냐면 아무리 참사건 학살이건, 이것도 여론에 따라 움직여 줘, 여론에 따라서. 그런데 여론이라는 것은 시간이 흐르면 묻히게 되는 거거든. 우리가 특별법을 작년 11월 달에 했는데, 그 전에 아예 사고 직후에 그걸 주장하고 나갔으면 한두 달 만에 빨리 해결되었을 거야. 5월이고 6월이고 만들었으면 엄청난 더 강력한 특별법을 만들었을 거야, 진짜. 가족위에 바로 주장하고 나가서 설치했으면 진짜 강력한 특별법이 만들어[졌을 거야]. 그때는 뭐 국민들이 우리 애들 이름만 대도 눈물 흘릴 때니까. 안 만들어지면 난리가 나거든. 그런데 이제 관심이 식어지고 하다 보니까, 새누리당 새끼들이 배 째라고, 안 된다고 자빠지는 거고. 그렇게 되어버리잖아.

면담자   그런데 사실, 가족을 잃은 부모님들이 자녀를 애도하는 것만도 굉장히 힘들잖아요. 근데 애도하지도 못하고 특별법을 빨리 만들어야 하는 상황도 괜찮은 걸까요?

혜원 아빠   그러니까 그게 안타까운 얘기가 그거야. 그때 당시에는 아무것도 몰랐고 생각도 없었지, 생각조차 없었어요. 아무것도 몰랐고, 근데 누군가라도 얘기를 해줬고, 한두 명이라도 터져나왔으면, 지금보다는 조금이라도 기간이 당겨졌으면 하는, 확 당겨지는 건 [아니더라도], 조금이라도 나은 걸 만들었겠다는 얘기를 하는 거야, 나름대로 빨리 설치를 [했을 거고]. 우리는 서두른 거야, 5월 달부터 계속 서명지 돌려가면서 특별법 얘기를 했던 거니까. 근데 이게 바로 실행이 안 되고 새누리당 새끼들한테 저지당해서 자꾸 딜레이돼서 늦춰지고 늦춰졌던 건데, 진짜 빨리 우리는 5월 달부턴가 6월 달부턴가 벌써 서명지 나눠줬으니까 빨리한 거야, 하기는. 서두르기는 서두른 거야, 진짜로.

면담자 　　　그러니까요. 그러니까 사실은 그런 역할을 해야 될 사람은 따로 있는데, 그게 없는 건 아닐까요? 그렇게는 혹시 생각 안 하세요? 그게 아까 말한 그게 정치인일 수도 있고요.

혜원 아빠 　　　그렇지. 그것을 아는 사람들이 했었으면 나았지. 근데 나중에는 이제 저 민주변호사협회[민주사회를 위한 변호사 모임], 민변 이런 데서 이제 할 줄 [아는] 사람들이 와서 도움을 받기도 했지만 그 생각해 내고 했던 것은 가족들이 우선이었어. 가족들 누군가가, 대책협회가 좀 만들어지면서 그거를 이제 하는 거지. 그 뭐랄까 만들어지면서 바로 설문지가 나갔었으니까. 설문지 토대로 이제 만들자고 했는데…(한숨) 좀… 안타깝지.

9
가족들의 변화

면담자 　　　좀 우매한 질문일 수도 있을 것 같은데, 참사 이후 아버님의 삶에서 제일 많이 변화된 부분은 어떤 걸까요?

혜원 아빠 　　　삶의 변화? 변화가 있긴 있지. 많이 있지. 근데 1차적으로 어떤 사람 입장에서는, 이거 듣는 사람이, 3자가 봤을 때는 '어, 저 사람 애가 넷인데 나머지 셋은 어떡할까?' 이렇게 생각하시는데, 이제 첫째로는 목표가 없는 거지, 목표가. 물론 다 똑같은 애들이지만 제일 큰놈한테서 어떻게, 그 목적이란 게 뭐냐면, 나머지 애들도 챙겨야겠지만, 첫째를 우선으로 챙겼었던 그런 게 있었어요. 그러니까 뭐 목적이나 내, 모든 부모들이 자기 자식을 위해서 살지만 내 목적이 하나가 사라진 거잖아. 그래서 첫 번째는 모든 거를 체념한 상태가 되었지. 체념한 상태가 이렇게 뭘 바라거나 원망을 하지도 않고 그냥 '에이, 될 대로 대라' 이런? '죽어라고 일해 뭐 하냐, 일할 맘도 없다'. 그리고 애들한테 어떤 목적을 가지고, 예전에는 "뭐 할 거냐? 니들 꿈이 뭐냐?" 뭐 이런 것도 물어봤는데, 지금은 "그냥 건강하게만, 부디 살아만 다오" 뭐 이런 식으로 얘기하게 되고. 의욕도 사라진 것 같기도 하고, 조금 뭔가 주눅이 들은 거지, 왠지 사회에, 내가 사회에, 꼭 뭐랄까 불순한 세력, 불순한 세력? 불순한 자인가? 사회의 미적응자? 이런 게 된 것 같기도 하고. 근데 1차적인 거로는 조금 그냥 제일 눈에 띄는 거는 의욕감 소진. 그게 어떻게 보면 가장 큰 거시기[변화]일 수 있는데, 그렇다고 무턱대고 내가 나 자신을 미워할 수는 없는 거고. 그러나 많이 감수하고 많이 좀 [인내]했지. 생활의 변화라는 게, 이런 그거지 뭐 나뿐만이 아니라 일하다가 일하지 않는 게 제일 큰 변화지. 일을 안 하고, 주위 사람들을 이렇게 해서 계속 피하고, 낯선 이를 안 만나고, 가족들끼리만 만나고, 이렇게 되는 거지 뭐. 나를 이해해, 나를 알아주고, 이렇게 알아준다는 게 뭐냐면 내가 막 이런 게 아니라 완전히 나 같은 상태를 위로를 해 주는 이런 사람들, 마음 편한 사람만 만나게 되는 거죠. 그런 거 같애요, 서로. 어떤 눈에 확 띄는 변화라고 볼 수는 없죠. 그러나 심적인 변화, 특히 심적인 변화가 크지. 외형적인 변화는 크게 없어요. 외형적으로 살이 쪘나?

면담자　(웃음) 내부적인 변화를 말씀해 주신 것 같은데요.

혜원 아빠　어. 그렇죠. 마음적으로만… 딱 눈에 띄게 변화된 것은 없어요.

면담자　조금 조심스러운 질문이긴 한데, 혹시 가족 내부의 변화가 있다면 어떤 것들이 있는지요?

혜원 아빠　애들이 어른스러워졌지. 엄청나게 어른스러워졌지. 우리 애들이 어떻게 받아들이나 걱정을 했었는데 의외로 애들이 담담하게 잘 견뎠어요. 진짜 잘 견뎌줬고… 듬직해졌어. 눈에 확 들어와, 그게. 그저께 이렇게 애들 태우고 지 누나한테 갔다 왔거든. 나는 아들놈들이 항상 어릴 줄만 알았지, [그런데] 와서 어느 순간 지 엄마를 살짝 안아주고, 뒤에서. 생전 그런 거 없던 놈들이거든. 아니면은 아빠 등 뒤에 와서 아빠 어깨 툭툭 쳐주면서. 그라고 딸내미도 생각 외로 오히려 밝아진 티를 내. 더 밝아진 티를 내대. 보이죠, 부모 눈에는 보여. 근데 그게 이제, 자기가 너무 의기소침해 있으면 엄마 아빠가 슬퍼할까 봐 그러는가 몰라도, 애들의 변화는, 애들이 변화가 많이 왔어요. 딱 봐서는 좋은 쪽으로 변한 것 같은데… 아리지. 근데 진짜 어른스럽고, 우리 애들뿐만이 아니라 모든 집 애들이 다 그래. 딱 봐도 점잖아졌다고 봐야 되나. 눈에, 눈에 보이는 아픔의 변화니까. 하여튼 뭐 가족들 중에는 그런 변화가

혜원 아빠 유영민

눈에 확 띄지.

면담자   그럼 변화가 한편으로는 걱정이 되시는 거네요?

혜원 아빠   아니야. 애들이 진짜 큰 아픔을 슬기롭게 잘 넘겼다고 생각을 해요. 그래 가지고, 그게 아마 애들 살아가는 데는 어느 정도 이게, 내가 제일 중요하게 생각하는 것이, 우리 애들이 나가서 공부 못하는 거는 상관없어. 그런데 쌍둥이 놈들은 특히 학교 갈 때 같이 가고, 올 때 같이 와야 돼. 안 그러면 혼나. 내가 다른 거는 혼내키지도 않아. 형제간에 우애가 없으면 진짜 싫어해, 내가. 왜냐면 나중에 막말로 나 죽으면은 지들만 남아, 형제들끼리. 의지할 건 지네들뿐이야. 그래서 항상 그거를 강조를 해요. 많이 듬직해진 것 같고, 서로를, 서로를 좀 챙기는 것 같고. 나중에는 자기네들끼리 알아서 잘하겠지. 또 걱정은 크게 안 해요, 그런 거는. 애들은, 다른 집 애들보다는, 같은 나이 애들보다는, 오히려 더 생각하는 게 더 깊을 수 있고 마음속 한구석에는 뭔가 생각이 있기 때문에, 있을 수 있기 때문에, 그냥 잘 헤쳐 나가리라 생각을 해요. 어차피 애들은 부모가 키우는 게 아니야. 부모는 그냥 한쪽에서 그것만 해주는 거고, 스스로 크는 거야, 자기 스스로 생각하고. 내가 돈, 수천만 원 수백억 들여가지고 애 교육에 쓴다고 해서 애가 잘 되는 것은 없어. 오히려 생각할 줄 알고, 생각할 줄 알고 잠재적인 애들은, 지네들이 알아서 어느 정도 맞춰만 주면 다 하는 거지. 몰라, 내가 흙수저라서 그런가? 난 그렇게 생각해요. 아니, 그게 내

161

3회차

원래 있던 생각이었어. 자식은, 부모가 낳아놓고 이렇게 성장하면서 밑바탕만 대주는 거지. 내가 거기에 대해서 설계에까지 어떤 영향을 미친다? 이거는 애를 바보로 만드는 거지. 좀 뭐 아픔을, 지네들이 워낙 큰 아픔을, 또 맨날 같이 10년 이상 같이 겪고 자란 형제가 사라지는 과정이라 힘들게 겪은 애들도 있을 거예요. 우리는 애들이 많다 보니까 다른 집보다 더 수월하게 겪었어. 지네들끼리 이렇게 뭉쳐 있으면서 지냈으니까. 앞으로 지네들끼리 형제들끼리 잘 버텨나갈 거라 생각해. 우리한테는 자식 많은 게 좋은 것 같애.

면담자　둘째랑 셋째 쌍둥이들이랑도 관계가 서로 의지하고 하는 사이예요?

혜원 아빠　연년생이잖아. 투닥거리기도 하지. 근데 이제 여자애 남자애니까 아무래도 머슴아 놈들이 누나한테 져주지. 져주고 장난도 잘 치고. 괜찮아요.

면담자　근데 어머님은 연년생으로 마지막에 쌍둥이를 가지셨을 때 되게 힘들었겠어요(웃음).

혜원 아빠　난 몰라. 힘든 건 난 몰라. 난 몰라(웃음). 힘든 건 난 몰라. 그거 얘기하지 마. 난 몰라.

혜원 아빠　근데 그러면은 혹시 자녀분들에 대한 고민이나 생각을 어머님이랑 아버님 사이에서 나누는 거에서의 변화도 있었나요?

면담자　얘기, 얘기는 하죠. 그 정도 얘기는 했었어요, 예전부터. 어떻게 해야 되나, 뭐 어떻게 키울까 이런 거는 했었죠. 그런데 내가, 내가 아까도 얘기했지마는, 내가 돈이 많아서 저기한 것도 아니고, 애들한테 뭐 특별한 기술을 물려줄 것도 아니고. 부모로서의, 부모 역할은 물론 그 사람들의 환경에 따라서 틀리겠지만, 나는 애들이 이 사회에 나가서 살아가는 데 지탱이 되는, 밑바탕이되는 그 기본 틀만 맞춰주는 거지. 내가 걔네들한테 가서 "너는 뭐해라, 너는 뭐 돼라" 이건 뭐 열정적인 부모나 저기한 부모는 그럴수 있겠지[있을지] 몰라도, 나는 그렇게까지는 아니라고 봐. 그렇게까지 내 인생 쏟아부어 가지고 애들한테 다 투자해 가지고서 그게잘 돌아오면 다행인데. 요즘 같으면 외국 유학까지 다 시켰는데 와가지고 백수로, 추리닝 입고 백수로 지내다가, 엄마, 아빠 밑에서살면은, 외국 안 보내는 게 낫지. 차라리 외국 보낼 돈 갖고서 어디가서 뭐 하다못해 커피숍이라도 차려주고서 "밥 먹고 살아라" 하는게 낫지. 뭘 그렇게 생각해. 그건 아닌 것 같고. 본인의, 본인들의인생은 나중에 지들이 20대 넘으면 지네가 생각할 줄 알고 판단할줄 알 때는, 본인의 인생은 본인의 선택 속에 달려 있는 거야. 누가그러더만. 사람은 A와 C 사이에 B라고. 아니, B와 C, B와 D사이의C인가? 그죠? 버스(Birth), 태어난 거랑, 데스(Death), 죽음 사이에초이스(Choice), 선택한다. 자기 인생 자기가 선택하는 거예요. 자기가 선택해 가지고서 가는 건데, 부모는 거기의 선택에 대해서,선택의 어떤 기초적인 역할만 해줘야지. 그리고 나는 애들이 셋이나 더 있으니까 지네들끼리 잘 해결을 해서, 어려움 닥치면 지네들

163
·
3회차

끼리 또 의논하고, 그 의논 속에서 엄마 아빠는 어떤 충고나 해주지, 내가 뭐 도와주고 할, 그건 아닌 것 같고. 잘 헤쳐 나가리라 생각을 하고. 의외로 큰누나, 큰 슬픔에 대해서 애들이 덤덤하게 잘 헤쳐 나갔기 때문에, 아이들의 미래는 아이들한테 맡겨놔야지, 내가 조종할 수 있는 건 아니야.

10
앞으로의 삶

혜원 아빠 그럼 앞으로 아버님과 어머님의 삶은 어떻게 생각하고 계세요?

면담자 그게 인자[이제] 걱정이에요. 이제 슬슬 다시 일을 하긴 해야 되는데, 지금 내가 뭐 특별한 기술이 있는 것도 아니고, 다시 이제 하던 일을 하려니 좀 식구가 좀, 그건 아니지 않나 해서 고민 중에 있고. 그렇다고 마냥 이렇게 놀 수도 없고. 2주기, 2주기까지만 이렇게 있다가 2주기 지나서 한 달 정도 좀 갖고, 우리 애 생일 지나면, 5월이니까 생일이. 이게 그 핑계 같은데 2주기 지나고 애 생일 지나면 5월인데, 5월 말일인데, 5월 26일인데 5월 지나면 6월 더워지면은, 더위 피해 가면 또 가을 돌아올 거고. 일 못 할 수도 있는데, 뭔가 하긴 해야지, 계속 생각하고 알아보고는 있어요. 뭐래도 해야지, 왜냐면, 너무 아무것도 안 하면, 오히려 그게 사람을 더 무기력하게 만드는 것 같아 가지고, 뭐라도 해야지, 하다못해 가벼운 단순한, 조만한 가게라도 할 수 있으면 좀 찾아보고 해야지. 일할 수 있으면 일해도 되고.

면담자   원래 하던 일을 더 이상은 하시고 싶지 않은 이유는 무엇인가요?

혜원 아빠   원래 하던 일이, 내가 그랬잖아, 전에 대리운전이었어. 밤에 나가서 대리운전 했었는데, 지금 식구가 밤에 나가서 운전하는 거 별로 이렇게 불편해 해. 낮에만 운전하자니 낮에 운전하는 건, 솔직히 운전을 별로 하고 싶은 마음이 없어 가지고. 뭔가 새로운 일거리를 알아보고, 찾아보고, 좀 여기저기 얘기를 해놓고는 했는데, 뭐 지금 다들 뭐 취업 걱정하는 판국에 뭐 내 취업 걱정까지 하라고 하면 어떡하라고 뭐. 뭐라도 좀 하긴 해야 되겠고, 지금 고민 중에 있어요. 그거에 대해서는 물어보지 마. 민망하니까(웃음).

면담자   알겠습니다. 아까 삶의 변화 중에 하나가 '목표가 없어졌다'고 하셨는데. (혜원 아빠 : 목적이 사라졌다는 그런) 네. 소극적인 삶이라 그래야 되나요? 그래도 혹시 지금 사고 이후에 어떤 목표 같은 거 있으세요?

혜원 아빠   뭐 목표라면, 어떻게 뭐랄까, 우리 가족적인 목표는 우리 애들 잘 저기, 간수하면서 거기서 살면서 가족 항상 뭐 분위기 좋은 가정 만드는 건데, 그거는 뭐 늘 해왔던 거니까 그렇고. 대외적으로 볼 때는 빨리 정치권이 좀 바뀌어가지고 여당 새끼들 다

탈락하고 야당이 정권 잡아가지고 다시 세월호 진실 밝혀줬으면 좋겠고. 대통령 저놈 잡아 죽일 생각이나 하고 있으니까, 그게 목적이에요. 어떻게 되든지, 우리 지역만큼이라도 제발 야당 국회의원이 되어가지고, 힘 좀 실었으면 좋겠고. 아마 우리 가족들 다 비슷할 거야. 그나마 애 하나 있던 집, 애가 하나 있던 집은 아무런 꿈도 사라지고, 그분들 앞에서 난 미안한 거지. 나는 아직 셋이나 더 있잖아요. 누가 뭐 쪼금 낳으랬어? 그런 말도 하는데, 그건 아닌 거고. 근데 의외로 하나 있는 집이 많아. 아예, 나는 뭐 목적과 꿈이 쪼금이 사라진 거잖아. 그 사람들은 아예 자기네 꿈이 다 사라진 거잖아, 의미도 없고. 하다못해 그 사람들은 밥 먹는 의미조차 없어, 보면. 난 그 사람들 보면 안타깝지. 그래서 그 사람들 앞에서는 내색을 못 하지, 뭐. 그러니까 그것도 가족 간의 그런 차별이, 약간 차별이라고 해야 하나, 그 차이가 있어. 그 똑같은 자식 잃은 아픔인데 저 집은 몽땅 잃고, 나는 하나 잃고. 아픔의 깊이가 있을 수는 없지만 그래도 서로 배려하는 입장에서 나는 조금은 조심해주는 게 맞는 거고. 그니까 그 차이지. 바라는 건 그거지 뭐. 그러니까 단순하게 생각해, 사람이 단순하게 된 거야. 지금 빨리 진실이, 진실이 밝혀졌으면 좋겠는데, 진실이 밝혀지는 게 묘연하고. 이게 10년이 갈지, 20년이 갈지 모르는 긴 싸움일 수도 있고, 그렇다 보니까, 제일 급한 건, 빨리 이 정권이 바뀌었으면 좋겠어. 제발 빨리 2년, 이 정권이 지나갔으면 좋겠어. 아주 꼴도 보기 싫고, 재수 없고. 총만 있으면 쏴 죽이고 싶어.

혜원 아빠 유영민

11
진상 규명에 대해서

면담자   이제 마무리 좀 하려고 하는데요. 방금 진실이 밝혀지면 좋겠다고 말씀하셨잖아요. 아버님께 진상 규명이 어떤 의미인가요?

혜원 아빠   (한숨) 어떤 분이 그 얘기를 했어. 6·25 이후의 가장 큰 참사라고. 물론 뭐 삼풍백화점도 있었고, 뭐 대구 지하철 참사도 있었고, 서해 훼리호 사고도 있었고 한데, 중요한 것은 21세기에 와서는 선진국이래도, 선진국 문 앞이야. 세계 10대 교육공화국에 드는 나라에서 이런 일이 있었고, 충분히 살 수 있었음에도 불구하고 못 산 거에 있어서는 가장 큰 참사라고 얘기하는데, 의문 사항이 너무 많아요. 내가 1차 면접 때도 이야기했었지만, 1차 면접이 아니라 구술이구나, 이야기했지만 세월호에 대한 궁금한 의문 사항이 너무 많아. 진짜 많아. 근데 누구 하나, 한 가지 거기에 대해서 시원하게 대답하는 사람이 없어. 그게 진실이야. 왜 대답을 못할까? 왜 알려주지 않을까? 왜 감추는 걸까? 원래 감추는 거는 범인들이 감추는 거거든. 아니면 자기가 손해를 보거나, 세월호 진실이 알려졌을 때 손해를 보는 새끼들이 누굴까? 세월호의 범인은 누굴까? 그렇게 때문에 그 진실 규명이 필요한 건데, 자기들이 떳떳하다면, 자기들이 죄가 없다면, 당연히 가족들이 궁금해하고 원인이 꼭 필요한 상황에서 진실 규명을, 왜 그걸 못하게 할까? 우리

가 너무 티 나게 하는 게 뭐냐면, 처음에 얘기했잖아, 지금 진도 앞
바다에서 세월호 인양 작업하고 있는데 못 쓰겠는 걸 건지는 거잖
아. 가족들이 배, 그 인양하는 배에 동승하겠다는데 그것도 막아.
특조위에서 동승한다는데 그것도 막아. 그러고 우리가 동거차도에
서 망원경으로 감시한다고 하니까 작업을 낮에는 안 해. 낮에 하나
밤에 하나 똑같애, 물속이라. 낮에 안 해. 배를 돌려, 못 보게. 뭐가
무서워서? 그거 하나만 봐도 눈에 확 들어오잖아. 뭐가 무서워서.
우리가 전문가도 아닌데 가족들이 배에 탄다고 해서 무슨 작업이
방해가 되고, 뭐가 무서워서 그거를 거부하고 방해하고 못 하게 하
냐고, 응?

통영함 출항 명령을 세 번이나 막은 사람이 누군지, 대한민국
에서 해군참모총장의 명령을 세 번이나 막을 수 있는 사람이 얼마
나, 몇 명이나 되는지 왜 얘기를 안 해주냐고. 세월호 항적도에 대
해서 왜 얘기를 제대로 안 해주고, 응? 지금도 브이티에스(VTS) 왜
담당자들은 무죄하기로 했어? 직무유기야. 직무유기가 왜 무죄야?
오늘도 나왔죠. 그 출항한 해경이 "구조한 사람들이 선원인 줄 알
았다", 선원인 줄 알고 구조한 거라고. 이게 말이 되냐고, 응? 이제
까지 왜 그걸 숨겼냐고. 해경에서 선원인 줄 알고 구조했는데, 왜
선원인 줄 몰랐다고 얘길 했냐고. 이제까지 국민들 앞에다가는, 그
런 거에 대해서는 누구 하나 다 시원하게 얘기해 주는 사람이 없잖
아요. 그런 게 다 진실이고, 진실 규명이고 그건 알아야겠다는 거
지. 그런 게 밝혀져야지만이 세월호의 침몰 원인이 밝혀질 거고,

거기에 대해서 관련자들이 수백 명이 나올지, 수천 명이 나올지, 얼마나 많은 사람들이 연루되었을지 몰라도 다 조금씩이라도 책임 질 놈들은 져야지, 관련된 놈들은. 왜 엄한 해경 123정이 책임을 지냐고, 구조 못 한 것을, 침몰 원인이 따로 있는데. 왜 4월 15일에 세월호만이 출항을 했냐고, 인천 앞바다에서, 인천항에서. 모든 배가 다 출항 정지가 나왔는데, 누가 출항 명령을 내렸는지, 그것도 모르잖아, 안 밝혀주잖아. 출항 명령을 내린 자가 있었으니까 내렸을 거 아니야. 출항 명령을 해경한테 나왔으니, 그리고 해경한테 명령이 떨어지면 출항할 수 있는데 그런 게 다 진실이고, 그걸 알아야지. 그렇기 때문에 이 진실이 밝혀져야지만이 처벌자들, 책임 관련자들 처벌을 받겠지만, 또 이 사회가 안전한 사회가 되는 데 밑바탕이 될 수 있는 거야.

기본이 되고 틀이 잡히고, 모든 사회가, 지구상의 모든 사회가 어떤 혁명을 놓치거나 어떤 참사나 어떤 당위를 지나면서 그 나라의 기틀이 잡혀지고 어떠한 분야의 틀이 잡혔어. 그런 것처럼 우리나라에도, 또 물질과, 돈과 물질이 만연한 사회에서 그것이 전부가 아니라는 것을 밝혀주고, 그거에 대한 폐단이 얼마나 큰가를 알게 해주는 사건이라고 생각을 해요. 그러면 그럼 이 사건을 교훈 삼아서 거기에 대한 폐단을 막고, 다는 아니더라도 교훈으로 삼을 수 있는 자리가 되어야 되잖아요. 그렇기 때문에 밝혀져야만 하고. 그라고 나는 여기에 아마 뭐 관심 갖고 있는 사람은 다 알 수도 있겠지마는, 엄청나게 큰 비리가, 음모가 하나 있다고 생각을 해요. 그걸 밝혀야죠. 여기에 얼마나 많은 사람들이 관련돼 있는지. 얼마나 많은 쓰레기들이 있는지. 이게 지금은 힘이 있는 놈들이 이걸 막는 다고 생각을 해. 근데 앞으로 5년이 가고, 10년이 가고, 20년이 갔을 때 이 세월호하고 무관한 사람들이 힘을 가졌을 때 이 사람들이 궁금해서 밝혀내리라고 봐요. 항상 모든 역사는 그랬어. 어느 나라 건 간에, 거대한 진실은 숨겨져 있다가, 나중에 거기에 관련 없는 사람들이 힘을 가질 때, 그 진실이 밝혀졌어. 나는 똑같다고 생각 해. 10년이 가도, 20년이 가도 우리가 포기만 안 하면 언젠가는 밝힐 거야. 어떻게 되었든 그걸 보고 눈을 감아야 될 것 같고. 그때 가면은 그거에 관련된 사람들이 무슨 말을 어떻게 할지. 우리가 5·18도 그렇잖아. 전두환이하고 노태우 법정에 세우는 데 얼마나 걸렸어요? 20년 이상 걸렸죠? 10 몇 년, 20년 걸렸잖아. 그때 당시 에는 걔들이 힘이 있으니까 못 건드렸잖아. 그것들이 힘이 빠지고 거기에 관련 없는 사람들이 정권 잡으면서 그 진실이 밝혀진 거잖 아. 그죠? 똑같이 되리라 봐요. 세월호에 깨끗한 사람, 세월호에 관 련된 새끼가 한 새끼라도 있으면 안 되고 그 새끼들이 다 떠나고 난 후에, 거기에 가장 깨끗했던 사람들이 정권을 잡으면, 나는 지 네가 나서서 먼저 밝히리라고 봐요. 그때까지는 버텨야지. 4·16은 그때까지 존재해야 하고. 그건 우리도 우리지만, 또 사회의 관심이 있고, 사회를 위해서 뛰는 젊은 청년들도 많이 관심을 가져줘야지.

12
여론에 대한 생각

면담자   아버님, 아까 여론이 중요하다고 하셨잖아요? 방금 말씀하신 부분도 여론이 처음에는 굉장히 지지를 했었고, 그랬다가 좀 변했다고 생각하는데, 혹시 아버님도 그런 여론이나 시민의 태도 변화를 느끼셨나요?

혜원 아빠   여론은, 여론은 상황에 따라 움직여요, 진짜로. 그게 내가 아까 우리 단원고 문제만 해도, 초창기 때하고 이전 교육감이 상당히 적극적으로 가족들하고 한 달에 한 번씩 만났었어요, 따박따박. 그런데 교육감도 선출직이다 보니까 여론에 따라 움직이는 것 같아요. 원래는 정례적으로 한 달에 한 번씩 유가족들하고 만나서 자리를 마련하고 그런 자리를 갖기로 했는데, 어느 순간 난 그게 막힌 거로 알고 있고. 또 안산시장님 또한 우리가 그 추모관 건립 때문에 얘기를 했을 때 그분이 하는 말이 "나는 정치인입니다"라고 말했어요. 그분이 맞는 말이에요. 정치인이라는 말이 뭐냐면 나는 여론에 따라 움직이고 나를 뽑아준 사람들 얘기에 따라가야 된다는 얘기야. 그 사람들 의견을 무시하면 다음에는 정치를 할 수 없다는 얘기죠. 그만큼 진실보다는 여론이 무섭단 얘기야. 근데 여론이 나쁘다는 건 아니에요. 여론은 항상 정의로운 쪽으로 움직여줘. 그건 사실이에요. 근데 그거를, 그거를, 무서운 거는 그거를 조작할 수 있는 사람들이 있다는 거지, 맞아요.

그 말이 또 나오네. 히틀러 때 히틀러 밑에 그 괴벨스라는 애가 있었어. 갸가 히틀러의 그 뭐랄까, 지금 말하면 뭐랄까 미디어 담당자? 그런 식이야. 근데 개가 젤 먼저 한 게 뭐냐면 독일 국민들한테 라디오를 나눠줘. 좋아하죠. 그 시대 라디오 참 귀한 거잖아. 라디오 한 집에 하나씩 줘. 거기서 맨날 음악, 독일이니까 막 클래식 같은 거 많이 하고 하죠? 하면서 중간중간에 히틀러 사상을 주입을 시켜. 사람들한테 은연중에 히틀러 사상이 주입되는 거야. 그러면서 독일인들이, 히틀러가 독일을 정권을 잡으면서 2차 세계대전이 일으키고, 그 거기에 그때, 그 당시에 내가 알기로는 독일의 모든 그 상위층에 있는 권력이나 부를 유대인들이 차지하고 있었어. 그래서 유대인들을 그렇게 한 걸로 알고 있는데 똑같애.

우리나라도 지금 종편에서, 종편에서 무진장 틀어대잖아. 국민들한테 계속 눈속임하고 아부도 하고, 여당은 좋은 놈, 야당은 나쁜 놈 이렇게 한단 말이야. 이게 여론몰이잖아. 여론을 이렇게 몰고 가잖아. 유독 여기에 치우치지 않는 것이 젊은 층이야. 젊은 층은 여기에 절대 안 치우쳐. 근데 나이 먹은 노인네들은 늘 보는 게 그거야. 답답한 거지. 우리나라 지금 나이, 저, 육칠십 넘은 사람들이 박근혜 저×이 엄청 잘하는 줄 알아, 아무것도 모르고. 정치 경제 아무것도 모르는 꼴통 같은 ×이 잘하는 줄 안다니까. 지 주장 하나 없이 수첩 들고 와서, 수첩 읽는 ×이 뭐 잘한다고 다 잘하는 줄 알아? 아니거든. 그게 여론이 무서운 건 사실이지만 여론을 또 만들어내는 거는, 물론 방송에서는 조작된 방송을 만들어낼 수도 있지만 현실적인 에스엔에스(SNS)나 아님 뭐 트위터 통해서는 젊은 층들이 여론을 확실히 만들 수 있거든. 해줘야지. 젊은 층들이 해주고. 그때 돼서 진실을 외면한 여론에 대해서는 단죄할 필요는 없어. 근데 무서운 것은 이 진실마저도 조작에 의해 여론에 덮일 수가 있다는 거지. 나는 그걸 많이 맛봤고. 그래서 내가 인터넷 검색을 하면서 화를 내고, 특히 댓글을 안 보는 이유가, 어떻게 네이버하고 다음하고 똑같은 그거인데도, 네이버는 같은 내용을 보는데 댓글, 댓글 내용이 확실히 틀려. 우리가, 우리가 말하는 게 댓글부대 동원하는 게, 네이버가 맞긴 맞나 봐. 엄청나게 저기하고 다음은 오히려 확 상반된 내용을, 다 똑같은 내용에 댓글이 상반되게 달려. 어떻게 급격, 극명하게 다를 수 있냐고. 사람들의 의식이고 여론은 비슷한데. 댓글 다는 거는 젊은 층일 텐데. 젊은 층하고 만나서 이야기해 보면 그래도 아직, 그리고 희망 있는 거는 내가 이제 낼모레 50이지만 우리 50대도, 우리나라 워낙 학구열이 높아 가지고, 우리 때도 웬만하면 대학 공부를 했어. 최하 고등학교 이상은 다 나왔어. 쉽게 동조가 안 된다는 거지. 앞으로 갈수록 여론이 막 치열해지겠지.

13
세월호를 기억해야 하는 이유

면담자   마지막으로 왜 사람들이 세월호를 기억해야 되는지,

어떻게 기억해야 된다고 생각하시는지 말씀해 주시겠어요?

혜원 아빠　　왜 세월호를 기억하냐면, 아픔이니까. 동질의 시대를 살아가는 사람들이 느끼는 가장 큰 아픔의 사건이니까. 이 시대가, 세월호가, 누가 봐도 세월호가 돈과 물질과 권력과 부패에 의해 산물, 산물이라고 하는데, 이 시대를 살아가는 사람들한테는 그게 곧 자기들의 잘못일 수도 있어요. 물론 거기에는 그 시대의 앞에 만든 기성세대의 것도 크지만 그러면은 책임을 공감하면서 이거를 꼭 기억을 해줘야 돼. 근데 어떻게 기억을 하나? 젊은 꽃이 사라졌어. 나이 먹고 그런 사람이 사라졌다면 똑같은 아픔이라도 조금 덜할지도 몰라. 진짜 이뻐야 할 꿈이, 꿈을 갖고 젊은 애들이 사라졌어. 이거는 우리들이 그냥 아픔이라고 생각하기에는 너무 큰 상처야. 그게 세월호로 인해 많은 국민들이 아픔을 받았고 상처를 입었어. 그렇기 때문에 이거는 꼭 기억을 해야 돼요. 왜냐면 그 상처의 원인이, 아까 말한 그 부패나 물질, 권력, 돈 만능주의를 쫓다보니까 그 부산물로 이뤄진 거고, 거기에 대해서는 우리 모두가 통감 어린 생각을 하고 기억을 해야 돼.

　　어떻게 하나. 교훈으로 삼아야지. 다시는 이런 일이 일어나지 않고, 우리, 우리 애들이나 더 어린 후손들이 이걸 발판 삼아 최소한 안전사고에 대해서만큼은 좀 불안감을 떨쳐버리고. 우리나라 국민들, 저기 뭐 여론조사 보니까 국민들의 뭐 60프로인가 70프로가 안전하지 않은 나라로 인식하고 있는데, [안전한 나라로] 만들어가야지. 근데 모든 걸 만들기 위해서는, 중요한 거는 진실이 규명

되고 원인이 밝혀져야 되지 않나. 그래야지 재발 방지가 가능한 거고. 이게 우리가 통상 떠드는 말이지만 그게 중요한 것 같애. 자식은 누가 부모가 맘에 품으라고, 가슴에 품으라고 하는데, 가슴에 품는다는 거는 내 가슴에 비수를 꽂고 사는 거랑 똑같애. 근데 그걸 어차피 유가족들이 갖고 가야 할 문제야. 그거는 소극적인, 작은 면으로 봤을 때는 가족들이 안고 가야 할 문제고. 큰 대의적인 것들은 국민들이 떠안고 가야 하는 거야, 모든 국민이 다. 그 사람들한테 비수를 꽂으라는 것은 아니야. 가슴에 아픔과 상처와, 아픔이 있으면 그거를 치유받고 보듬고 가지만 흉터는 남겠잖아. 그렇지만 세월호라는 게 내 마음속에 생채기가 돼서 꼭 남았으면 하는 거고, 거기에 대해서는 찾아야 할 교훈이나 우리가 찾아가야 할 진실은 잊지 말자는 거지. 그러면서 그게 밑바탕이 될 수 있는 새로운 안전한 사회를 만들어달라는 거죠. 그게 우리가, 가족들이 외쳤던 거고 또 그렇게 만들어가야 하는 거죠.

면담자   네. 오랜 시간 말씀 감사드립니다. 이것으로 구술을 마치겠습니다.

4·16구술증언록 단원고 2학년 3반 제9권

그날을 말하다 혜원 아빠 유영민

ⓒ 4·16기억저장소, 2019

기획 편집 4·16기억저장소 ┃ **지원 협조** (사)4·16세월호참사가족협의회
펴낸이 김종수 ┃ **펴낸곳** 한울엠플러스(주)
초판 1쇄 인쇄 2019년 4월 1일 ┃ **초판 1쇄 발행** 2019년 4월 16일
주소 10881 경기도 파주시 광인사길 153 한울시소빌딩 3층
전화 031-955-0655 ┃ **팩스** 031-955-0656 ┃ **홈페이지** www.hanulmplus.kr
등록번호 제406-2015-000143호

Printed in Korea.
ISBN 978-89-460-6721-9 04300
       978-89-460-6700-4 (세트)
* 책값은 겉표지에 표시되어 있습니다.